JEUX D'ESPRIT

par M. DE G.

ÉNIGMES

CHARADES

LOGOGRIPHES

MOTS HOMOPHONES

ANAGRAMMES

ACROSTICHES

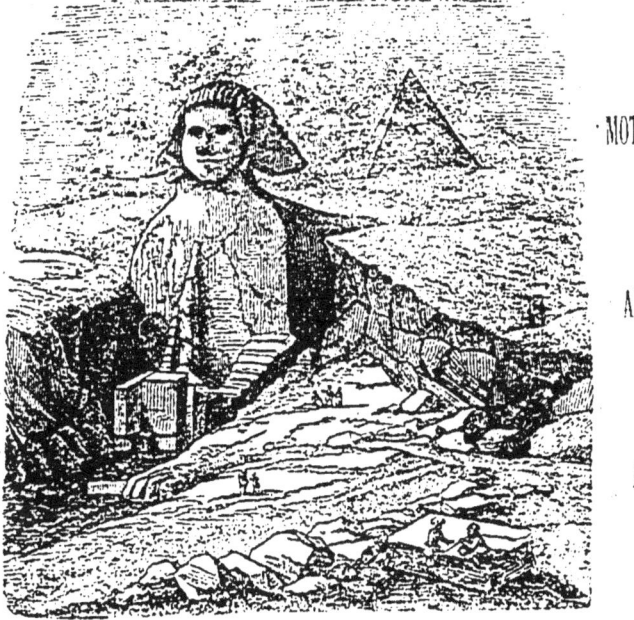

Le Sphinx.

J. LEFORT, Éditeur

LILLE, rue Charles de Muyssart, 24. PARIS, rue des Saints-Pères, 30.

CHEZ LE MÊME ÉDITEUR

LES PROVERBES

HISTOIRE ANECDOTIQUE ET MORALE

DES PROVERBES

ET DICTONS FRANÇAIS

PAR J AMORY DE LANGERACK

in-8° : 1 25

Envoi franco contre timbres - poste

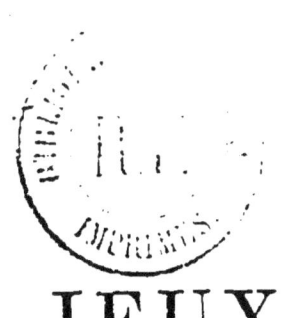

JEUX D'ESPRIT

In-8°. 2° série.

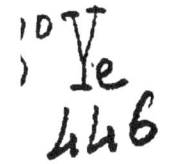

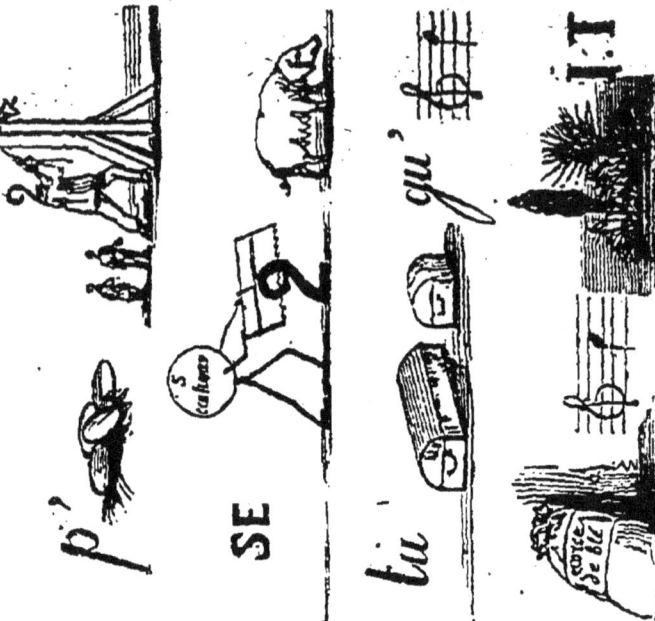

Peu de personnes se soucient de l'étude malgré son utilité.

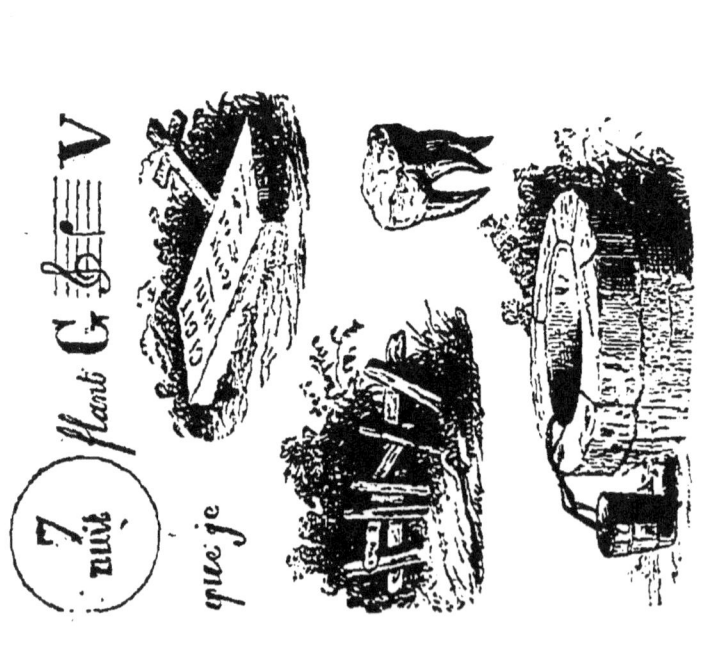

Cette nuit en ronflant j'ai rêvé que je tombais dans un puits.

JEUX D'ESPRIT

RÉCRÉATIONS

DES FAMILLES, DES CERCLES, ETC., ETC.

Par J. M. de G.

> Lecteur, si vous trouvez ici
> Du bon, du mauvais, du passable,
> Vous êtes un juge équitable,
> Et l'auteur vous dit : « Grand merci; »
> Mais si quelqu'un s'écrie : « Ah ! fi !
> Tout ce recueil est détestable, »
> L'auteur dit qu'il en a menti.
> (*Merc. de France*, 1753.)

LIBRAIRIE DE J. LEFORT

IMPRIMEUR ÉDITEUR

LILLE	PARIS
rue Charles de Muyssart, 24	rue des Saints-Pères, 30

Propriété et droit de traduction réservés.

AVANT-PROPOS

L'usage des énigmes remonte à une haute antiquité. Chacun connaît la fable du Sphinx thébain et l'énigme qu'il donnait à deviner, sous peine d'être dévoré, mais qui devait procurer un trône au voyageur assez sagace pour en découvrir le sens caché. Sans avoir besoin de recourir aux fables, nous voyons, dans la sainte Ecriture, Samson proposer un double problème aux Philistins au prix de *trente robes*. Dans le livre des *Proverbes*, Salomon énonce la maxime suivante: *L'homme intelligent appliquera son esprit aux paraboles et interprétera les paroles des sages, ainsi que leurs énigmes.* La sagesse parle donc quelquefois par énigmes? et l'application que l'on met à les deviner, tout en exerçant utilement l'esprit, grave d'autant plus profondément la leçon dans le cœur.

Une ravissante légende, ou plutôt, suivant plusieurs, une révélation, nous montre le divin Sauveur, au milieu de *ses parents, de ses disciples et des gens de sa connaissance*, leur proposant des énigmes pour les récréer et les instruire, après les exercices spirituels, le jour du sabbat.

Dans l'histoire des Pères du désert, nous voyons d'austères anachorètes égayer les rigueurs de leur vie pénitente en se proposant des énigmes prises dans des sujets bibliques, objet de leurs études habituelles.

Une anecdote traditionnelle dit que Charles-Quint, voulant faire un moment diversion aux ennuis de la grandeur, se plut à embarrasser toute une communauté de savants moines en leur proposant une suite de problèmes, dont la solution semblait difficile.

Ce genre d'amusement a été fort en faveur aux xviie et xviiie siècles : outre l'abbé Cotin, membre de l'Académie française, qui l'a remis en vigueur, nous le voyons cultivé par le célèbre Boileau lui-même, et plus tard, par Rousseau, Voltaire, le poète allemand Schiller, etc.

En voilà assez pour démontrer que cet exercice de l'esprit a été goûté de tout temps; il ne l'est pas moins de nos jours; et l'on voit une multitude de feuilles périodiques offrir au bout de leurs colonnes un de ces jeux d'esprit auxquels les hommes les plus sérieux ne dédaignent pas de s'arrêter, comme délassement, et dont l'étude, parfois compliquée, peut défrayer pendant une soirée entière les loisirs d'une famille ou d'un cercle d'amis.

Rarement ce genre de poésie, auquel on n'a jamais attaché d'importance, s'est élevé bien haut : nous avons pensé qu'on pouvait le faire progresser, sinon quant à la forme, au moins quant au fond. Sans avoir la prétention d'atteindre au niveau de quelques chefs-d'œuvre du genre, nous avons du moins souvent essayé de nous écarter de la route banale des sentiers battus; nous avons voulu élever le logogriphe à la hauteur d'une leçon morale, chrétienne, quelquefois d'une leçon historique, géographique, etc. De cette manière on ne perd pas tout à fait son temps en se livrant à un amusement en apparence puéril, mais on le fait contribuer à l'ornement de l'esprit, et il en reste pour le cœur un enseignement qui n'est pas à dédaigner. L'accueil que des Revues d'éducation ont fait à ces opuscules témoigne que nous avons atteint ce but, et nous encourage à en offrir au public le recueil complet, fruit de quelques heures de délassement, dérobées à des travaux plus sérieux.

PREMIÈRE PARTIE

Enigmes. — Charades. — Logogriphes. — Enigmes de mots homophones. — Anagrammes. — Acrostiches.

I

Enigmes. (1)

I

La plus ancienne de toutes les énigmes.

Quadrupède au matin, sur le midi, bipède,
    Et marchant sur trois pieds le soir,
Quel est cet animal ? Sans avoir besoin d'aide,
D'Œdipe le bon sens a bientôt su le voir.
Faites donc comme lui, jeunesse insoucieuse,
Le sens de ce problème est facile à saisir :
Exerçant la pensée, on la rend sérieuse,
Et d'un léger effort résulte un vif plaisir.

II

On rencontre en la sainte Bible
Trois personnages bien distincts,
Exempts de la règle inflexible
Qui domine tous nos destins ;
L'un d'eux n'a point connu de mère,
Il vécut, et n'est jamais né ;
— Vivant, l'autre a quitté la terre
Sans être à la mort condamné ;
— Enfin, nous voyons une femme
Qui naquit, vécut et mourut,
Sans laisser de corps dès que l'âme
Eut de ce monde disparu.

(1) Le mot de chaque énigme se trouve page 49.

C'est ainsi que les solitaires,
Dans les plus arides déserts,
Pour récréer leurs jours austères,
S'offraient des problèmes divers.

III

En tête de mon bataillon,
Je suis nécessaire à la France ;
Sans mon concours plus d'une nation
Ne saurait subsister, du moins en apparence.
Au sort du splendide Paris
Je suis étroitement liée,
Et fût-il secouru par l'Europe alliée,
Sans moi de suite il serait pris.
Si je ne vaux pas Jeanne d'Arc,
J'ai du moins quelque chose d'elle ;
Sans moi, depuis le canon jusqu'à l'arc,
Hors le mousquet, toute arme est brisée et rebelle.
De l'amour et de l'amitié
Je suis cependant le principe ;
Mais, étrangère à la pitié,
Des contrastes je dois offrir en moi le type.
Sans moi l'on ne peut faire un pas :
Sans moi comment composer un repas ?
Sans moi comment dresser la table ?
J'ouvre l'appétit ; c'est incontestable ;
Mais aussi je me mêle aux affres du trépas.
On me rencontre en purgatoire,
En paradis, surtout, et jamais en enfer ;
Et toutefois, pourriez-vous bien le croire,
J'appartiens à l'abîme, à Satan, à la chair.
Voyagez, parcourez et l'Asie et l'Afrique,
Vous m'y verrez d'abord, ainsi qu'en Amérique ;
Voulez-vous me chercher encore en quelque lieu ?
Voyez l'Océanie, et tout au beau milieu.
De toute étude littéraire
Je suis le premier élément :

Il doit être bien ignorant
L'homme à qui pour jamais je demeure étrangère :
Car mon nom fut connu même du nain Bébé,
Lui qui ne put jamais aller plus loin que B
  Dans l'étude de la grammaire.

IV

  Je suis l'affaire d'un instant,
  Rien qu'un mot souvent, ou qu'un geste ;
  Mais quelquefois un sentiment
  Dans ma forme se manifeste :
  J'engage peu, mais cependant,
  Me refuser grandement blesse :
  Ne fût-ce que par politesse
  On me prodigue à tout venant.
  Puis, je suis encore un office,
  Ne durant qu'un quart d'heure, ou deux.
Le prêtre qui préside à ce saint exercice
En terminant bénit les fidèles pieux
Au nom du Dieu qui fit et la terre et les cieux.
  Enfin, je suis l'unique nécessaire
Qui, pour nous l'obtenir, au Christ a tant coûté !
  Un bien qui n'est pas éphémère,
  Un jour dont la durée entière
  Est celle de l'éternité.

V

  Jadis présidant à la guerre,
  On me disait fils de Junon,
  Cher à Vénus ; père de Cupidon,
  Et de Minerve le beau-frère.
On ne m'adore plus, mais on m'aime bien mieux ;
J'amène le printemps, j'allonge les journées ;
Je redis les bienfaits, les hautes destinées
Du plus grand des patrons, cher à tous cœurs pieux.
Enfin, sous un aspect aimable, mais profane,
Déployant un talent qu'on n'a point surpassé,

Finesse, naturel, et ravissant organe,
J'ai su plaire toujours, même en l'âge avancé.

VI

Dans les temps de la Grèce et de la Rome antiques,
J'étais un nom guerrier, cher à ces républiques;
Mais aujourd'hui ce nom n'annonce que la paix :
Paix du cœur, n'est-ce pas le plus grand des bienfaits
    Car j'invite à la pénitence,
    Et purge mainte conscience;
Balayant de l'hiver les rigoureux frimas,
Je fais germer les fleurs, l'herbe croît sous les pas;
Ramenant le printemps ainsi que l'espérance,
Au pauvre je promets la joie et l'abondance;
Au culte d'un grand saint je me trouve lié,
Mon nom avec le sien est identifié;
Je suis le précurseur de la joyeuse fête
Qui du Christ sur la mort proclame la conquête.
C'est pour complaire à tous que mon prédécesseur,
Abrégeant sa durée, abdique en ma faveur.

VII

    Je suis d'un usage commun.
    De mon fruit je nourris le monde;
    Produit de la terre féconde,
    Je rends quelquefois cent pour un.
Inhumé, je revis, présentant un symbole
De résurrection et d'immortalité;
    D'ailleurs dans mainte parabole
    Le Verbe divin m'a cité.
Des saints conseils, pour moi, chétif, sont émanées
    Les plus sublimes destinées;
Mais ce n'est pas ici le lieu de pénétrer
Un mystère qu'il faut humblement adorer.

VIII

Ainsi que le soleil rayonne
En pénétrant tout de ses feux,
Et comme les feuilles d'automne
Que disperse un vent orageux,
Partout je me répands et partout je circule,
Aliment, remède ou poison,
Flambeau céleste, ou dévorant tison,
Soit que j'éclaire, ou que je brûle,
Bon ou mauvais je pullule à foison.
Ne m'estime-t-on plus, on me met en balance
Avec mon homonyme, au genre féminin ;
Je vaux alors deux sous. — Dans un autre cas, vingt....
— Et je vaux chez l'Anglais vingt-cinq fois plus qu'en France.

IX

Je suis le vœu des militaires ;
Je suis le désespoir des mères ;
J'use l'homme avant l'âge, au prix de maint effort ;
On cherche en moi la gloire, on trouve aussi la mort.
Mais si j'ai pour effet de provoquer des larmes,
J'offre aussi des aspects riants et pleins de charmes :
L'hiver de blanc vêtue, et verte au frais printemps,
Je nourris l'univers, rends force aux languissants.
Heureux ceux qui, goûtant mes nombreux avantages,
Comprennent leur bonheur ! Ceux-là sont les vrais sages.

X

Sous un seul nom, d'une triple nature,
Végétal, je suis jeune et je parle d'espoir ;
Et pourtant, tel qu'un front qu'épargne la souillure
Eclos dès le matin, je ne suis plus le soir ;
Minéral, plus solide, et parfois éclatant,
J'orne une élégante parure ;
Sans moi comment tiendrait l'essentiel vêtement
Qui ne voile pas la figure ?

Et j'appartiens enfin à ce règne animal
Dont, noble ami lecteur, toi-même fais partie :
Je n'en suis, il est vrai, qu'un produit anormal....
Le superflu, crois-moi, nuit toujours dans la vie !

XI

Bien que raide, sec et stérile,
J'ai plus d'un rôle fort utile :
J'aide le faible, le vieillard ;
L'enfant me croque pour sa part ;
Sans mon secours la ménagère
Serait gênée en mainte affaire :
Je l'aide à balayer, et j'allume ses feux....
Mais quelquefois aussi je suis fâcheux,
Et j'ai coûté plus d'une larme.
Souvent encor j'ai tenu lieu d'une arme ;
Et l'on me voit parfois au méchant polisson
Donner une verte leçon.
Puis, porteur d'un drapeau, je conduis à la gloire ;
Et suis le plus haut prix offert à la victoire.

XII

On me place au sein des volailles,
Dans les choux, dans les ar'ichauts,
Sous les œufs, sous les fricandeaux,
Et l'on me mêle encore à d'autres victuailles ;
J'en accrois le volume ainsi que la saveur ;
Aux cordons bleus je fais honneur.
Mais sous le rapport littéraire,
On me pardonne à peine dans Molière,
Je suis de mauvais goût. Dans les siècles passés,
Nos bons aïeux m'aimaient assez ;
Ainsi que l'atteste l'histoire ;
Mais je suis aujourd'hui reléguée à la foire :
On est plus délicat, plus fin, plus sérieux....
Mais dans le fond en vaut-on mieux ?

XIII

On me connaît plein de rondeur.
Dans le monde j'ai divers rôles :
J'ai mon emploi vers l'équateur
Aussi bien que près des deux pôles.
Je suis un centre d'union,
Ou littéraire, ou politique.....
Mais surtout lien catholique,
J'exerce une puissante et douce impulsion :
En mettant en commun études, jeux, prière,
Je tiens lieu de famille au jeune homme isolé,
Et c'est par moi qu'il trouve appui dans sa carrière ;
Par moi le vieillard solitaire
Dans ses ennuis encor peut être consolé.
La phalange macédonienne,
Ferme, invincible légion,
Offre une image de la mienne ;
(La force naît de l'union).
J'ai sa solidité, mais non pas sa carrure ;
Cette qualité là n'est pas dans ma nature ;
Et, ce qui peut vous étonner,
Dieu ne me la saurait donner.

XIV

Sans être faux, je suis à double face :
Ou je fais maigre chère et vis d'austérité,
Ou, type des gourmets et par eux consulté,
J'ai mine rebondie et fais cuisine grasse ;
Je suis devenu très fameux
(Bien que je porte un nom contraire)
Dans la science culinaire ;
Mais ce n'est pas de quoi l'on doive être envieux :
Gourmand, bientôt un siècle serait l'âge
Que j'aurais si depuis trente ans je n'étais mort;
Pénitent, j'ai vécu dix-huit fois davantage;
Jusqu'à la fin des temps je dois revivre encor.

XV

Pour précurseur j'ai le mois de Joseph,
Pour complément, les gloires de Marie ;
Je fais germer les fleurs et verdir la prairie ;
Et mon joyeux refrain vibre en la sainte nef ;
    Je rajeunis toute la terre ;
Je parle d'espérance et d'immortalité ;
    Par moi tout est ressuscité :
Les âmes, aussi bien que la vile matière.
    Je soulage bien des douleurs :
    J'ai guéri la lèpre et la peste ;
    J'ai des pardons pour les pécheurs,
Pour les justifiés, un aliment céleste ;
    Enfin mon retour en tout lieu
    Dit *paix à l'homme*, et *louez Dieu !*

XVI

    Si j'ai brillé parmi les rois,
    Si l'on me doit de sages lois,
De saints j'offre encor plus d'un type.
— Que j'appartienne à Charles ou Philippe,
    J'ai même valeur, même poids ;
    Et j'ai beau changer de figure,
Je conserve toujours mon nom et ma nature.
    Je change de maître souvent :
    Je suis fait pour le mouvement,
J'ai de l'éclat, j'attire, et mon allure est ronde :
Je puis bien me vanter de plaire à tout le monde ;
    Quel autre peut en dire autant !
    Je n'ai point le teint frais pourtant ;
    Je n'ai point la couleur de roses ;
    Mais on n'est pas plus complaisant,
    Car je procure toutes choses ;
    Sauf pourtant la félicité :
    Du moins c'est très fort contesté.
J'engage à plus d'une injustice :

Je suis un instrument de vice
Aussi bien que de charité.
Ayez pour moi quelque indulgence,
Lecteur, car vous m'aimez, je pense ;
On m'aime malgré mes défauts,
Et chacun sait ce que je vaux.
C'est à vous, si vous êtes sage,
A faire de moi bon usage.

XVII

On peut me voir figurer sur l'autel ;
Je précède et je suis le moment solennel
Où le Sauveur daigne y descendre.
— Je fais loi dans l'Eglise, on ne peut se défendre
De mon joug sage et sans appel.
Je joue un grand rôle à la guerre ;
J'y décide parfois à tort,
D'un droit plus ou moins arbitraire
Qu'on appelle droit du plus fort.
Moins meurtrier, à la cantine
Je suis pourtant fatal, j'affaiblis la raison ;
Je ne produis que la débine
Et mon abus dégénère en poison.

XVIII

Plutôt que maint et maint remède,
Ou du moins leur venant en aide,
Je rétablis l'équilibre du corps,
Préférable à tous les trésors.
Telle est ma mission physique :
Quant à mon rôle politique,
Naguère lien d'union
Entre divers États de même nation,
Je prévenais la guerre et contenais le schisme,
J'offrais un frein au despotisme.
J'expire avec la liberté ;
Par le nouveau droit importé.

Craignez qu'aussi le code d'Hippocrate,
Proscrivant mon nom, ne le gratte
Des arrêts de la Faculté !

XIX

De l'océan miniature,
Je contiens en mon sein maint et maint habitant
Dont l'ingénieuse structure
Fait admirer le Tout-Puissant
Qui sut créer avec tant d'excellence
Le grand astre et l'atome infiniment petit.
Puis montrant ce que peut l'humble persévérance,
Bien faible, avec le temps je creuse le granit.
Tels sont mes attributs, alors que fraîche et pure
Je ne sors pas de l'état de nature.
— Mais par un art perfide on me change en poison
Funeste à la santé tout comme à la raison.
— Enfin, entre les maux que déchaîna Pandore,
Je suis des plus cruels, je hante les palais :
L'oisif, l'intempérant tombe dans mes filets ;
Sobre et laborieux, sous le chaume on m'ignore.

XX

Je suis par moi-même assez fade,
Ma saveur dépend de l'apprêt :
Logogriphe, énigme ou charade,
Gratin, beurre frais, rémoulade....
A toute sauce l'on me met.
En cuisine, en littérature,
On a beaucoup usé de moi ;
A d'autres points de vue essayons ma peinture,
De peur de faire double emploi :
De Dieu créature bénie,
Je reçus le don de la vie
Des premières parmi les œuvres de ses mains,
Et longtemps avant les humains.
Bien des siècles plus tard, lorsque vint le déluge,

Sachez que, sans avoir eu dans l'arche un refuge,
  Au cataclysme j'échappai.
  Mais l'esprit est surtout frappé
Du rôle qui fut mien au temps évangélique
  Ainsi qu'au siècle apostolique :
  Car n'eus-je point l'insigne honneur
De figurer souvent aux repas du Sauveur?
  Et, béni par sa main divine,
  Humble présent par un enfant offert,
  Multiplié dans le désert,
  Abondamment j'apaisai la famine
De la foule, qu'il fit asseoir au gazon vert.
  Puis, dans mes entrailles fécondes
Recueillant le tribut imposé par la loi,
Le Christ savait unir, dans ses leçons profondes,
  L'exemple aux motifs de la foi (1).
  Aliment de la pénitence,
Sans être néanmoins déplaisant aux gourmets;
  Lorsque vient le temps d'abstinence,
  Je puis fournir les meilleurs mets.
De Jésus je devins le symbole et le signe
Pour voiler son saint culte aux suppôts du démon :
  En grec les lettres de mon nom
  Marquent son monogramme insigne.
Mais j'en dis trop vraiment, lecteur, pour un muet;
Et je me tais enfin, selon votre souhait.

XXI

  J'ai mon rôle dans la culture,
  J'aide à faire mûrir les fruits ;
  Le feu provoque mon enflure ;
Et j'interromps aussi le silence des nuits :
  Comme un cadran, je marque l'heure;
  Dans les fêtes je réjouis,
  Et dans les deuils je gémis et je pleure.
  Suspendue entre terre et cieux,

(1) En saint Matthieu. xvii. 23-26.

Comme l'ange de la prière,
Je vous convie au sanctuaire,
Je fais la guerre aux paresseux.
Mais vers la fin de la journée,
Quand votre tâche est terminée,
Je suis le signal du repos,
Mérité par de lourds travaux.

XXII

Je suis matière à mélodie,
J'ai des éléments d'harmonie,
Car on trouve en moi tous les tons.
— Je fus un empereur de Rome.
— Les grandes fêtes, que l'on chôme
Avec cloches et carillons,
Fleurs, flambeaux, chants, processions,
Ont grâce à moi quelque durée ;
Et l'église reste parée
Plus que l'espace d'un beau jour,
Promettant un joyeux retour.
Prions avec persévérance !
Tout est promis à la constance
Et même à l'importunité ;
Car le Ciel souffre violence.
Prions pour tous et surtout pour la France...
Et passez-moi cette moralité.

XXIII

Enfant d'origine germaine,
J'ai pris racine en la Gaule romaine ;
Je puis, lecteur, être un de vos aïeux :
C'est vous dire que je suis vieux.
Mais comme par son art magique
Médée a rajeuni le père de Jason,
Par un art non moins magnifique,
Je rajeunis de même et pullule à foison.
En me multipliant, je forme une puissance :

Le commerce, l'armée, ainsi que la finance,
    Sont dépendants de mon concours ;
Je pénètre partout, je circule toujours ;
    Je suis sujet à changer de visage ;
        Je me divise et me partage
        Et me prête à tous les besoins.
        Je forme cercle et j'ai des coins :
        C'est résoudre un bien grand problème !
        D'ailleurs je suis la candeur même ;
Et, dussiez-vous n'en être point flatté,
    Je dis toujours la vérité.

XXIV

Je suis premier ténor, sur un vaste théâtre,
    Pour ses décors ayant les bois ombreux ;
    Pour lambris, la voûte des cieux ;
Les astres scintillants et la lune d'albâtre,
    Pour luminaire merveilleux.
Dans mes accents perlés, chantre de la nature,
    Traduisant son hymne pieux,
    J'ai pour orchestre harmonieux
Le souffle aérien, et l'onde qui murmure.
— Mais quelle chute, hélas ! Je prête mon concours
    A de nocturnes forfaitures :
    Complice de bien méchants tours,
    Je force portes et serrures.
— Ou bien, mis au rebut, réputé sans valeur,
    Dans le fonds poudreux d'un libraire,
Mauvais, ou peu connu, mais toujours exemplaire,
    Je ne trouve point d'amateur.

XXV

Je ressemble au serpent, et siffle comme lui ;
    Mais je n'ai rien de sa malice :
    Aux mortels je n'ai jamais nui.
Principe du salut, je siège en la Justice ;
    Inhérent à la majesté,

Je prélude à la sainteté,
Et réside au cœur du Messie.
Je joue un rôle en Prusse, en Espagne, en Russie...
Multipliant trésors, sciences et vertus,
Je mets fin aux procès, comme à tous les abus.
On me voit au sein de la rose,
Dans les vers, comme dans la prose ;
Je prends part à tous vos plaisirs ;
Et sans moi plus d'espoir, ni plus de souvenirs !
On me rencontre en la jeunesse ;
On me retrouve en la vieillesse.
Humble, je me place après tous ;
Lecteur, je suis derrière vous.

XXVI

On a dit que sous le soleil
Je n'ai nulle part mon pareil :
C'est, je crois, l'un de nos proverbes.
J'abonde en souvenirs, en monuments superbes ;
Je suis pour le travail en ressources fécond ;
Tout converge vers moi, centre où tout correspond ;
Rendez-vous des plaisirs, des arts, de la richesse,
J'offre bien des écueils à l'humaine faiblesse ;
Je renferme en mon sein bien des déceptions,
Des misères sans nombre et des corruptions ;
Bien des vertus aussi : mes exemples sublimes
Doivent aux yeux de Dieu racheter bien des crimes.
— Faites sonner ma queue, et couronnez mon front,
J'inflige à Ménélas le plus cruel affront ;
Cause d'une querelle et terrestre et divine,
J'attire sur les miens la guerre et la ruine ;
Et les vainqueurs, hélas ! sont non moins malheureux ;
En tous lieux les poursuit la vengeance des dieux.
— A la postérité léguant plus d'un ouvrage,
Je suis un chroniqueur fameux au moyen âge.
— Chez nos contemporains, famille d'érudits,
J'illustre encor mon nom par de savants écrits.

XXVII

Léger, je suis parfois de grave conséquence ;
 Pour m'éviter, il est un bon moyen :
 C'est de ne pas remettre au lendemain
Un devoir à remplir, un acte d'obligeance.
— Féminin, à Paris, je suis fort en faveur.
  On me trouve à la promenade ;
  Aux bourses je ne fais pas peur.
  Je suis douce, mais assez fade,
  Je ne cause aucun repentir ;
  Des enfants je suis le plaisir.

XXVIII

Liqueur rafraîchissante autant que généreuse,
Chez les peuples du Nord je suis fort en faveur ;
 Ou bien, demeure étroite et ténébreuse,
En moi l'on se repose après plus d'un labeur.

XXIX

  Cité d'origine romaine,
J'ai de l'antiquité conservé des débris ;
De mon arc de triomphe on me voit encor vaine,
Et mon cirque jadis retentissait de cris.
— Riche couleur, je brille avec l'aurore ;
A l'écharpe d'Iris j'ajoute quelques traits,
  Et le couchant me voit encore
  Me mêler à ses chauds reflets.
— Je suis fruit succulent, dont la fleur est symbole
  De l'intacte virginité ;
La jeune fiancée en fait son auréole :
Que jamais droit si beau ne lui soit contesté !
— Je suis enfin le nom d'une race princière,
Couronnée en Hollande, et puis en Angleterre.

XXX

En moi vois deux cités de notre belle France :
L'une, antique, au Midi, l'autre tout près du Nord.
Au village, à la ferme, on me retrouve encor :
Je sers aux durs travaux, quelquefois à la danse.
Et je réside aussi sur les monts sourcilleux
Où le roi des oiseaux établit sa demeure.
Seul, s'égalant à lui, quelque ermite pieux
    Vient se fixer si près des cieux ;
Contemplant l'infini, sur l'homme il prie, il pleure,
Et l'ange le visite et recueille ses vœux.

XXXI

Je suis un animal symbolique ou réel,
Dont le regard fascine et l'abord est mortel ;
Cependant, rassuré par la voix du prophète,
Le juste, sans danger, marchera sur ma tête,
    Dans les mains des anges porté,
Ainsi que le Très-Haut l'a lui-même attesté.
Puis, végétal, je suis une herbe aromatique
    Qu'on voit fleurir dans vos jardins,
    Cultivée à diverses fins :
J'assaisonne, ou fournis un antispasmodique ;
Voilà ce que je suis : funeste ou bienfaisant,
    Suivant le sens où l'on m'entend.

XXXII

    Selon qu'à gauche, à droite, je me penche,
J'ai le don de fermer aussi bien que d'ouvrir ;
    Je puis encor un diadème offrir
    Par l'union de l'une et l'autre branche.
— Bien que je ne sois pas du tout un espion,
Je dénonce partout le Germain, le Gascon,
    Et surtout les fils d'Albion,
    Mais nullement les Moscovites :

A mon égard ils sont cosmopolites
Et ne prêtent pas aux rieurs....
Vous m'avez deviné, lecteurs.

XXXIII

Je suis d'abord une Allemande,
Blonde, aux yeux bleus et fendus en amande,
Calme, honnête, et jadis plaisant fort à nos cœurs....
Aujourd'hui, c'est la fille, hélas ! de nos vainqueurs.
 Je suis encore une bergère,
Bien nôtre, cette fois, et non point étrangère,
Dont l'exemple honoré jusques sur nos autels,
Nous convie à la suivre aux parvis éternels.
 Je suis enfin votre cousine,
Presque une sœur ; non loin d'une même racine,
L'amitié, don divin, nous unit au berceau :
C'est, après la vertu, le trésor le plus beau.

XXXIV

Je suis une cité moresque,
Au pays des Ibériens,
Qui, dans le temps chevaleresque,
Fut conquise par les chrétiens,
Guidés par un illustre prince.
— Je suis encore une province
De la belle Espagne, au ciel bleu ;
Et puis, je suis une arme à feu.
— Je suis enfin une fleur empourprée ;
— Un fruit aux sucs rafraîchissants,
Un petit crustacé que la haute marée
Vient jeter à foison sur les sables des bancs.

XXXV

Je suis un fruit succulent et vermeil ;
A le bien cultiver en France l'on s'applique ;
En fraîcheur, en saveur, il n'a pas son pareil,

N'en déplaise à ceux d'Amérique.
— Je suis encor, tantôt un passe-temps joyeux,
    Plaisir digne de l'innocence ;
    Tantôt un métier périlleux,
    Exigeant courage et prudence.
    Au pôle parfois je conduis
    Parmi les frimats et les glaces ;
    J'alimente de mes produits
    De fortes et vaillantes races.
    Parfois un orage soudain
Jusques auprès du port vient menacer ma voile ;
    Mais jamais on n'implore en vain
Celle que de la mer on appelle l'Etoile.

XXXVI

On ne peut le nier, j'ai du goût, cher lecteur :
    C'est ma qualité distinctive.
Je loge en mon domaine une compagne active,
    Tout ce qu'on peut voir de meilleur ;
    Mais aussi ce qu'il est de pire :
    Le mal, je crois, l'emporte sur le bien ;
Et, si la charité n'y mettait quelque frein,
Ou du moins la prudence, hélas ! qui saurait dire
    Ce que ses coups peuvent produire !
    C'est sans remède trop souvent.
On trouve encor chez moi plus d'un inconvénient ;
Bien que je sois splendide et que l'on y rencontre
Les grands, qui sous mon toit de leur éclat font montre,
Soucis n'y font pas faute : on y règle l'Etat,
Bien ou mal, mais toujours non sans quelque débat ;
L'intrigue s'y produit, la trahison s'y trame....
Non, là n'est pas la paix ; l'histoire le proclame,
Et c'est la vérité. Je regrette, lecteur,
De vous faire de moi tableau si peu flatteur.

XXXVII

Je suis un noble sentiment
Qui, s'élevant à Dieu, se reporte sur l'homme ;
Et, c'est à tort que de la sorte on nomme
La flamme impure et le feu dévorant.
J'inspire les plus grandes choses,
J'embrasse les plus saintes causes....
— Mais, sans que rien en moi soit déplacé,
Je me transforme en un fleuve glacé.

XXXVIII

Transparent comme l'air, léger comme un nuage,
Ou construit de pierre et de bois,
Sans le cacher je voile un gracieux visage,
Je drape un élégant corsage,
Ou je me couronne de toits.
J'ai peu retenti dans l'histoire,
C'est là, dit-on, un signe heureux ;
La mode, qui me connaît mieux,
De mon nom gardera mémoire.

XXXIX

Je marche devant saint Laurent
Et je suis saint Paul par derrière,
Je suis étranger à saint Pierre,
On me trouve chez saint Clément ;
Et, principe de la lumière,
Je complète l'être immortel ;
Sans moi, que deviendrait le ciel ?
Je suis au cœur de Madeleine ;
Comme elle on me voit dans les pleurs ;
On me trouve aussi dans les fleurs ;
Sans moi qui pourrait prendre haleine ?
Sans moi point de salut, de règle, de loisir ;
Par moi finit le mal ; je me mêle au plaisir.

Au milieu de vous, jeunes filles,
On me trouve infailliblement;
Je contribue à vous rendre gentilles;
J'appartiens à vous doublement,
Mais vous quitte à l'autel, le jour du Sacrement.
Je suis à l'homme antipathique,
A moins qu'il ne soit un vieillard.
Je me mêle à la politique,
Et je trouve ma place en toute république,
Mais à la royauté je n'eus jamais de part.

XL

Encore adolescent, je suivais tous les pas
Du Sauveur qui, dit-on, m'a pressé dans ses bras ;
Je fournis les cinq pains dont la foule affamée
Au désert fut par lui nourrie et ranimée :
Elle comptait au moins cinq mille hommes présents,
Admirant son pouvoir et ses soins bienfaisants.
Instruit par un tel maître à si parfaite école,
D'un apôtre plus tard j'ai su remplir le rôle :
Du Limousin je fus le père dans la foi ;
Dans toute l'Aquitaine on se souvient de moi.
Des plus illustres Saints grossissant le cortège,
Je me fais remarquer par plus d'un privilège ;
On ne pourrait ici les énumérer tous ;
Je n'en signale qu'un dont je suis très jaloux :
Comme le grand Antoine, à qui grâces sont dues,
On m'invoque avec fruit pour les choses perdues.
— Mon nom désigne encore un poète latin,
Dont la plume flétrit un siècle libertin.
— Et puis, je suis enfin la qualité première
Qui se doit remarquer en tout bon militaire.

XLI

Demi-frère chéri d'un héros immortel,
Je partageai le don qu'il tenait de son père ;
Alternativement, nous prenions place au ciel ;

A tour de rôle aussi nous restions sur la terre.
Sous le nom de Gémeaux, tendrement embrassés,
Au Zodiaque enfin nous nous sommes fixés.
— En moi voyez encore un architecte habile :
Aux siècles reculés j'habitai ces climats,
On en a reconnu mainte trace fossile ;
Dès longtemps j'émigrai pour de lointains Etats,
   Et j'y construis encor mon domicile.
     Pourtant on m'a vu de nos jours,
       Messieurs, surmonter votre tête ;
   Mais l'industrie, en progressant toujours,
     M'a fait descendre de ce faîte ;
Et le produit d'un ver, du mûrier nourrisson,
     Obtient sur moi la préférence.
     Hélas! toute contrefaçon
     Trouve encouragement en France !

XLII

Neuf ont porté mon nom, dont plusieurs sont des Saints ;
— Je qualifie aussi quelque œuvre méritoire ;
— Je babille, je vole, et je suis blanche et noire :
On peut me deviner sans être des plus fins.

XLIII

De nos aïeux gaulois le vigilant emblème
Me porte sur sa tête, ainsi qu'un diadème.
— Sur les monts dentelés, d'un éclat sans pareil
Ma blancheur se colore aux rayons du soleil.
— On voit encore en moi cette île fortunée
Qui vit régner Minos, et puis Idoménée,
Et qui, changeant de nom sous le joug du Croissant,
Fit pour le secouer un effort impuissant :
Quelle que soit plus tard d'ailleurs sa destinée,
Elle est aux premiers rangs en Méditerranée.

XLIV

A la porte d'une maison,
Qui par moi paraît embellie,
Je garantis et de neige et de pluie
Les visiteurs abordant le perron.
— Dans des mains aristocratiques,
Au sein d'une calèche aux armes héraldiques,
Je préserve un teint frais et blanc
Des ardeurs d'un soleil brûlant.
— Soit par ma dignité, soit par ma grâce affable,
Quand je parais dans vos réunions,
J'attire autour de moi bien des attentions,
Chacun me proclame adorable....
Expiant ces splendeurs, méprisant ces vains bruits,
Aux pieds des saints autels on me trouve dès l'aube :
Qui me reconnaîtrait dans ma modeste robe,
Gravissant les degrés des plus pauvres réduits !

XLV

De notre père Adam, au travail condamné,
Je fus probablement l'un des premiers ouvrages,
Et depuis l'on me voit à travers tous les âges
A maint office destiné,
Et je sers aux plus vils, aux plus nobles usages.
Dans la cuisine, à table, ainsi qu'au temple,
On m'écarte, ou l'on me contemple ;
Et merveille ! en mon sein l'on me voit retenir
Celui que l'univers ne saurait contenir !
— Mais lorsque de genre je change,
Tout aussitôt je deviens fange ;
Et pourtant même alors j'ai mon utilité,
Bien qu'impure et nauséabonde,
Au sol je puis donner de la fertilité :
Tout devient bon aux mains du Créateur du monde.

XLVI

Bien que je sois d'un naturel léger,
J'ai, même par cela, préservé d'un danger
 Et la jeunesse et l'inexpérience ;
  — Et je suis la seule défense
  D'une généreuse liqueur
  Contre un élément corrupteur.
— Enfin, cité fameuse, on me vit la première,
  Heureuse entre toutes mes sœurs,
Célébrer le triomphe et lever la bannière
Du Dieu deux fois caché, promenant ses splendeurs
  Parmi les places et les rues,
  Au milieu des foules émues,
  Répandant partout des faveurs
 Comme aux beaux jours de sa mortelle vie :
  Initiative suivie,
 Un siècle après, par tout le monde entier,
  Qui n'eut plus rien à m'envier.

XLVII

J'ai trois formes : je suis certain religieux
Qui d'un culte erroné se pose en interprète ;
Sur le sol africain, français par la conquête,
Pour moi les naturels ont un respect pieux.
Je suis encore oiseau, d'un élégant plumage,
Cette métamorphose est à mon avantage ;
— Ou je suis ustensile et vaux bien un trésor :
N'est-ce pas là gagner au change plus encor ?
Si, tel qu'un blanc nuage, une vapeur légère,
J'ajoutai quelque éclat au front de la beauté,
La mode est variable et son règne éphémère,
Du moins au coin du feu de l'humble ménagère
Je conserve mon rôle et mon utilité.
Avec la Cendrillon j'ai quelque ressemblance :
On me voit tour à tour à la cuisine, au bal....
On me cherche à grands frais dans l'Inde, au Sénégal,
Ou bien j'aurais, dit-on, au Levant pris naissance.

XLVIII

Je suis rond, je circule, et sers bien dans la vie :
On me divise en cinq, et non plus par moitié,
Ni par quart. Je vaux peu, j'excite peu l'envie ;
Pourtant qui ne m'a pas est digne de pitié.

XLIX

Entre les lieux saints d'Orient
J'offre l'aspect le plus riant,
Et mes fleuves, mon lac, mes bois et mes montagnes,
Font un Eden de mes vertes campagnes ;
Mais je suis surtout riche en pieux souvenirs :
Théâtre du bonheur, des innocents plaisirs
De la plus auguste Famille,
C'est là que se passa la plus touchante idylle ;
Là qu'avec ses cousins jouait le saint Enfant ;
C'est là que, toujours sage, il est devenu grand ;
C'est là que travaillait le vénérable père,
Que méditait l'incomparable mère !
Vit-on jamais de cœurs plus tendrement unis?
Echos, redites-nous leurs entretiens bénis
D'où s'épanchaient des torrents de lumière !
— Passons à d'autres lieux ainsi qu'à d'autres temps,
Et franchissons quinze cents ans :
En moi l'on reconnaît un homme de génie
Qui des célestes corps constata l'harmonie.

L

Ma figure est carrée, oblongue, ronde, ovale ;
Point de chambre où je ne m'étale :
Je rassemble parents, amis, hôtes, clients....
Au travail, aux plaisirs, je sers selon le temps ;
Profane à la maison, je suis sainte à l'église ;
Par moi la loi de Dieu fut aux hommes transmise ;
Par moi l'instrument rend des sons ;

L'écolier trouve en moi matière à ses leçons,
    Qu'il s'agisse d'arithmétique,
    De science chronologique;
Et, si je n'abrégeais, de bien d'autres encor;
Plus d'un savant m'estime à l'égal d'un trésor;
Un livre est imparfait si je n'y tiens ma place,
J'y suis utile au moins autant qu'une préface.
Enfin, j'ai pu servir à d'étranges ébats;
Mais ils sont défendus.... ainsi n'en parlons pas.

LI

Femme charmante, ou tendre fleur,
    Dans mon domaine,
    Je suis reine,
    Fraîche couleur,
J'ai l'éclat joint à la douceur.
Née aux entrailles de la terre,
Entre les mains du lapidaire
Je ne brille qu'au second rang.
Je me transmets avec le sang,
Comme les titres de famille,
De l'aïeule à la mère, à la petite fille.
  — Si jadis j'ornai bien des fronts,
  Aujourd'hui réduits en poussière,
On me voit, d'autre part, couronné de glaçons,
Immuable, élever au ciel ma tête altière.
Seul, un géant voisin, encor plus orgueilleux,
  Plus haut que moi s'élance vers les cieux;
Il demeure à la fois majestueux, candide
  Sous les chauds regards du soleil,
Tandis que moi, semblable à la vierge timide,
  Je me teins d'un éclat vermeil.

LII

Etant de haute extraction,
Je pourrais bien passer pour fière,
Mais je cède sous le bâton,

Qui m'oblige à baiser la terre.
Dès le premier abord je parais fort amère,
Et je suis dure aussi (c'est peu flatteur) ;
D'une opiniâtre noirceur
Mon contact flétrit d'ordinaire ;
Mais, pénétrant dans mon intérieur,
On reconnaît qu'un bien bon cœur
A ma rude écorce s'allie :
On me trouve candide et pleine de douceur,
Et la jeunesse m'aime à la folie.
De ceci déduisez quelques moralités.
Ne jugez point sur l'apparence ;
Sachez user de patience :
Le travail, la persévérance
Triomphent des difficultés.

LIII

Je fournis du charbon, même des diamants ;
(Ils sont formés, dit-on, des mêmes éléments.)
On trouve dans mon sein métaux de toute sorte :
Plomb vil, or pur, fer meurtrier... n'importe ;
Grâce à d'ingénieux efforts,
Ce que je livre brut se transforme en trésors.
Je suis encor terrible engin de guerre,
Réduisant pont superbe ou forteresse altière,
Coûtant la vie aux vaillants défenseurs,
Et sur leur sort faisant couler des pleurs....
Etes-vous gaie, êtes-vous triste,
Malade, ou pleine de santé,
Voulussiez-vous cacher la vérité,
Je la dénonce à l'improviste :
Je sais parler très clair sans emprunter la voix.
Méfiez-vous pourtant ; je mens, dit-on, parfois.

LIV

Des pauvres d'esprit ignoré,
Fréquentant le palais doré,

Je m'attache de préférence
A la grandeur, à l'opulence :
Je rends amers les plus brillants destins,
  Tristes les plus riantes choses ;
  Dans la vie et dans les jardins,
Je me mêle au plaisir comme à l'éclat des roses.
  Moins que mes compagnes je plais,
  Mais moins qu'elles je suis fragile :
  A chaque lune je renais ;
  Et, du soleil enfant docile,
  S'il paraît, je m'épanouis ;
  Je me cache s'il se retire,
  Son absence fait mon martyre ;
  Revient-il, je me réjouis.
  Telles les peines, la douleur,
  Dont je suis la cause, ou l'emblème,
  Ont le privilège suprême
  D'attirer vers Dieu l'humble cœur.

LV

Je suis de métal ou de terre....
— Je porte des hommes de guerre ;
— Ou bien je contiens votre sang.
— Quand on me renverse, j'inonde ;
— Je vais aux limites du monde ;
— Je me rattache à votre flanc ;
— Pour moi funeste est une étoile ;
— Mes guides sont vapeur ou toile ;
— Je m'engorge par quelque effort ;
— On me jette au loin, hors d'usage ;
— Ce qui m'est fatal, c'est l'orage ;
— Me rompant, je donne la mort.

LVI

Potage savoureux ; — blanche fleur embaumée,
Je sais charmer le goût, l'odorat et les yeux ;
Mais je rappelle aussi la sainte bien aimée

Qui créa pour la terre un jour digne des cieux;
Depuis treize cents ans, l'hôte des tabernacles,
Dans nos temples captif, demeurait par amour,
Jamais plus au dehors n'éclataient ses miracles;
Aujourd'hui triomphant, il se montre au grand jour.
L'azur est veiné d'or, le sol jonché de roses,
Sur le chemin du ciel en ce jour tout fleurit;
Tout écho retentit du chant sacré des proses;
Et partout où Dieu passe, il console et bénit.

LVII

Masculin, vois en moi l'un des nobles guerriers
Dont un signe sacré provoquait la vaillance;
Et dont l'écu, l'armure et le casque et la lance
    Indiquaient de preux chevaliers.
    Féminin, je suis l'ouverture
D'où tu peux sans sortir contempler la nature,
    Ne fût-ce qu'un coin bleu du ciel,
A l'horizon lointain une nue empourprée,
Un astre qui rayonne en la plaine éthérée
    A la gloire de l'Eternel.

LVIII

Dans la langue romaine on m'appelle *Etrangère;*
Martyre, j'ai souffert plus d'un tourment cruel.
    Invoquée à l'heure dernière,
Patronne des mourants, je leur ouvre le ciel.
    — J'ai d'autres usages encore :
Par mon nom l'on désigne un attribut viril,
    Et la face que je décore
Doit savoir, avec calme, affronter le péril :
    Signe de force incontestable,
    Mais dont on abuse parfois,
    Pourquoi ne pas me rendre aimable
    A qui doit plier sous mes lois?
    — Lorsque vient le jour de ma fête,
    C'est celle des plus fiers guerriers :

Alors sonnent clairons, trompette,
On chante les exploits, on tresse des lauriers,
L'éclair s'allume, l'airain tonne,
De coups de feu l'air retentit....
Non, pour fêter une couronne
En ce monde jamais on ne fit plus de bruit!
On dit que le salut de la cité de Lille
Fut l'ouvrage de mes clients,
Alors qu'autour de cette ville,
Furieux, se pressaient de nombreux assiégeants;
Gloire à la vaillante cohorte
Qui sut repousser l'agresseur !
Toujours unie, et toujours forte,
A l'ombre de la foi cette troupe est sans peur.

LIX

Plante, dans ma racine est un suc salutaire;
Jeu varié, je puis charmer le solitaire ;
Friandise, je suis chère à tous les enfants,
Et même du goût de plus grands ;
Vertu, souvent obscure et peu préconisée,
Je mène à bonne fin toute utile pensée ;
La médiocrité par moi devient talent,
Et sans moi le génie est souvent impuissant ;
Je viens à bout de tout ; j'adoucis la souffrance,
Et je porte des fruits par la persévérance.

LX

Je suis un quadrupède alerte et sanguinaire :
Malheur au chasseur téméraire
Qui, seul, de ma rencontre affrontant le danger,
Dans les jungles indiens oserait s'engager!
Je suis encore un fleuve asiatique,
Célèbre dans l'histoire et profane et biblique ;
Sur mes bords gémissaient les proscrits d'Israël ;
Dans mes eaux se baignait, veillé par Raphaël,
Le jeune et vertueux Tobie,

Quand un monstre en surgit pour menacer sa vie.
  Mais Dieu tire le bien du mal :
Et, vaincu par le fils, le terrible animal,
  (Incompréhensible mystère),
Par l'emploi de son fiel rendit la vue au père ;
Et l'ange n'a point là borné tous les bienfaits
Dont son jeune pupille éprouva les effets....
Mais ces temps sont bien loin, et déserte est ma rive ;
En poudre est, dès longtemps, la superbe Ninive !

LXI

  On doit toujours me préférer
 A l'agréable, ou bien même à l'utile ;
 Auprès de moi tout le reste est futile :
De moi, par-dessus tout, chacun doit s'assurer.
Comment me définir ? car souvent je varie,
Selon l'état, le temps, ou le tempérament ;
Pour tous, je suis le pain, l'habit, le logement :
D'autres besoins plusieurs ont surchargé leur vie,
Me réduire est un art aujourd'hui peu connu,
Qu'on laisse au cénobite, ainsi qu'au sage antique ;
Et de le pratiquer nul ne se croit tenu
Même, et moins que jamais, dans mainte république.
Mesdames, vous m'aimez pourtant, mais élégant,
Etalant aux regards outils d'or ou d'argent ;
Je vous sers tous les jours pour vos jolis ouvrages ;
Et je suis avec vous, Messieurs, dans vos voyages.

LXII

Fleuve aux fertiles bords, — riche département,
Au touriste, au baigneur, j'offre plus d'un aimant ;
De l'Océan la plage avec moi les convie
Pour charmer les regards et ranimer la vie ;
Aussi vois-je accourir après chaque printemps
Bien des gens maladifs, ennuyés, languissants.
— Mais si vous n'éprouvez qu'un peu de lassitude,
Je puis vous épargner tant de sollicitude,

Et vous rendre dispos, sans sortir de chez vous,
Par quelques courts moments d'un repos calme et doux.
— Sans être nullement fort en mathématiques,
Chacun peut réunir des signes numériques
Pour une addition dont je suis le total,
Principe ou complément d'un certain capital.
— Je suis le titre enfin de plus d'un vaste ouvrage :
Celui de saint Thomas sur tous a l'avantage;
D'un esprit supérieur travail ingénieux,
Aucun n'est si savant, si profond, plus pieux.

LXIII

    Des abeilles industrieuses
      Qui travaillent, silencieuses,
      Mon caractère est différent
  Bien que je sois quelque peu leur parent :
    Je fais, comme gens sans vergogne,
    Bien plus de bruit que de besogne;
  Et l'on me voit, parasite affamé,
Prendre ma part du fruit que je n'ai point semé.
    — D'un pèlerin de temps antique
On pourrait voir en moi l'attribut symbolique :
Supportant sa provende et soutenant ses pas,
J'étais l'arme, au besoin, que maniait son bras.
— On entend de fort loin ma voix retentissante,
A propos d'un grand deuil, d'une fête riante...
Tout Paris me connaît : mes sons religieux
Invitent la pensée à monter vers les cieux.
— Et quand dans le lieu saint la foule est réunie,
Au chant sacré je prête une grave harmonie ;
Et, ce dont à bon droit l'on pourrait s'étonner,
Faux, je chante pourtant juste et sans détonner.
    — Très familier au typographe,
    J'ai tronqué plus d'un paragraphe,
    Au grand désespoir de l'auteur;
Heureux quand y supplée un clairvoyant lecteur !
— Je vous rappelle enfin, mes aimables lectrices,

Une plume qui fait dès longtemps vos délices,
Un talent gracieux, pur, élevé, chrétien....
Qu'en dirais-je de plus? Vous le connaissez bien !

LXIV

Je suis une maison illustre dans la France :
On voit l'un de ses chefs signaler sa vaillance
Aux pays d'Orient ; sa valeur et sa foi
Arrêtèrent le choix qu'on fit de lui pour roi
De la sainte Cité, conquise par nos pères :
On y vénère encor ses cendres, toujours chères.
Portant le même nom, un moderne héros
Se faisait regretter même de ses rivaux :
Désintéressement, humanité, droiture,
Attachent à ce nom la gloire la plus pure.
Après ce général, chéri de ses soldats,
Viennent la carmélite et d'éminents prélats....
De ces hauteurs enfin vous me voyez descendre,
Passer à la cuisine et m'asseoir sur la cendre;
Humble est mon rôle, mais chacun m'aime beaucoup,
Car je suis bienfaisant, et d'ailleurs j'ai du goût :
Point de table sans moi complètement servie ;
Aux êtres épuisés parfois je rends la vie ;
Pour les pauvres vieillards et les convalescents
Je vaux mieux, croyez-moi, que tous médicaments.

LXV

Type de précoces douleurs,
Soumis, tout jeune encor, à de bien durs labeurs,
Je fais sévère pénitence ;
Soit qu'un père m'ait repoussé,
Ou qu'orphelin je sois bercé
Par l'épreuve dès ma naissance.
Changeant de genre, effet d'un liquide agité,
Je suis pétillante, gazeuse,
Rafraîchissante ou généreuse,
J'inspire une douce gaîté.

Ou bien au creux des rocs, sur les vieux troncs j'habite ;
Et je sers de couche à l'ermite,
Formant un tapis velouté.

LXVI

Meuble obligé de bien des cours,
Trône des saints devant lesquels on prie,
D'un écolier joyeuse espièglerie,
Sous ces aspects divers, j'ai même nom toujours.

LXVII

Je fus jadis l'ennemi des chrétiens :
Mes descendants héritent de ma haine.
Pour moi, je ne suis plus qu'une innocente graine,
Dont se montrent friands les bons Armoricains :
Les jours de fête, après complies,
Ils en font des gâteaux, des crêpes, des bouillies….
C'est un inoffensif régal ;
Sauf excès, à personne il n'a jamais fait mal.
Heureux les bonnes gens, dont les réjouissances
Sont exemptes d'extravagances !
Loin du grand opéra, du gaz, du boulevard….
Sans compter que du pauvre on fait toujours la part.

LXVIII

Je suis dur, ou quelquefois doux,
Selon des lois capricieuses,
Et sans moi les feuilles de choux
Deviennent branches épineuses.
Si je chuchotte quelquefois,
Et chante, quand on me marie,
Il arrive aussi que je crie ;
Je porte rudement ma croix.
C'est sur moi que le cœur se fonde,
C'est par moi que s'ouvre le ciel ;
Avant que n'existât le monde,

J'étais au sein de l'archange Michel.
A la campagne on me rencontre,
Même dans les cités et jusques dans les cours :
Là surtout, si je ne me montre,
On ne verra plus que des ours.
Des musiciens la patronne,
A grand besoin de mon soutien,
Car sitôt que je l'abandonne,
De la sainte il ne reste rien ;
Mais seulement un chef du Carmel, fort ancien.
Et le carme, que je couronne,
Sans moi, par un terrible effort,
Porte partout l'épouvante et la mort.

LXIX

Au temps jadis, j'ai percé plus d'un cœur,
Et je fais aujourd'hui pencher mainte balance ;
Je suis spirituel, vif et léger en France ;
Mais plus je suis moral, et plus j'ai de valeur.

LXX

Comme Cendrillon, je m'assieds
Au foyer, où bientôt je chante ;
Je suis d'humeur assez bouillante,
Ne me heurtez pas de vos pieds.
Sans avoir recours à la fée,
Le soir, je captive au salon,
Près d'un tapis carré ou rond,
Quelques membres d'une assemblée ;
Je fais perdre, je fais gagner,
J'ai des faveurs et des disgrâces :
Le plus sûr est de s'éloigner
Pour se joindre au groupe des grâces.

LXXI

Je suis un être indéfini,
De quel sexe, il n'importe ; en moi voyez l'ouvrage

De l'Etre puissant, infini,
Qui fit notre âme à son image;
Mais, d'autre part, négatif, pur néant,
Je ne constate que l'absence :
Dans ce cas, je charme l'amant
De la retraite et du silence....
Lecteur, vous m'avez deviné;
En dire plus est inutile,
C'est vraiment chose trop facile,
A moins d'avoir l'esprit borné;
Ou mon problème est mal tourné.

LXXII

Je suis de double genre; et d'abord, masculin.
C'est à l'âge de fer que je dois ma naissance;
Si l'on a pu me voir aux mains de l'assassin,
    Servant le crime ou la vengeance,
D'un passif instrument j'ai pourtant l'innocence.
Sur ta table, d'ailleurs, cher lecteur, tu me vois
En matière d'argent, ou d'ivoire, ou de bois....
Ou bien sous forme d'os tout entouré de viande,
Aromatisé d'ail, de thym ou de lavande...
Féminin, je suis propre à d'autres fonctions :
Sans cesse à vos côtés, Monsieur, Mademoiselle,
    Prenant part à vos actions;
    J'ai presque toujours ma jumelle;
    Ou bien, limite naturelle
    Qui sépare deux nations
(Moins que leurs intérêts ou leurs religions),
J'ai servi de théâtre à plus d'une querelle.

LXXIII

On me met à la broche, — on me plonge dans l'eau;
    — Sur la tête aussi l'on m'emploie;
Et, chair substantielle, — ou bien chanvre, — ou bien soie,
    Je suis compacte, — ou suis à claire voie;
J'offre, ou je puis fournir quelque friand morceau.

Je suis gras, et c'est moi qui procure le maigre.
— Faible mesure de vinaigre,
J'assaisonne un ragoût mijotant au fourneau.
— Sorti d'un roc, je deviens un ruisseau,
Principe de fleuve ou rivière.
Avec le temps je puis enfin creuser la pierre.
— On m'a vu servir de prison
A sa majesté le lion,
Comme un poète aimé nous le montre en son livre ;
Mais je cède à la dent du rat, qui le délivre,
Et c'est ainsi que l'un des plus petits
Aux plus grands peut se rendre utile.
Sachons partout nous faire des amis :
C'est un avis de l'Evangile.

LXXIV

Servant comme principe et surtout comme fin,
Je commence parfois, plus souvent je termine ;
Et parmi la gent féminine
Je suis plus en usage en français qu'en latin.
Je change aussi de caractère
Suivant que mon aigrette incline avant, arrière,
Ou que j'aille nu-tête, ainsi qu'un garçonnet :
Telle, selon son chapeau, son bonnet,
Varie une tête légère.
Faisant valoir autrui, souvent je suis muet,
Ou tantôt demi-clos, d'une façon discrète
Comme le cœur d'une coquette ;
Ou bien, avec orgueil, encadré de corail,
J'étale à vos regards les perles et l'émail.
Me coiffe-t-on d'un diadème,
Mon importance alors est poussée à l'extrême...
Mon histoire n'est-elle pas
Celle de bien des gens du haut jusques en bas ?
Plumet de général, couronne de princesse,
Guirlande de fillette, ou bandeau de professe,
Ou bien cendre bénite, influencent l'humeur :
Rarement coiffe altière accompagne humble cœur.

LXXV

Je vous transmets, lecteurs, un succulent bouillon,
Le café parfumé, l'odorant thé de Chine,
Le chocolat, le lait, ou toute autre boisson
   Et, s'il le faut, même la médecine.
Ajoutez un article, et me voilà soudain
   Un homme de génie, immortel écrivain,
Qui des Croisés ai célébré la gloire,
Mêlant, non sans grandeur, les fables à l'histoire ;
D'Homère, de Virgile, ainsi que de Milton,
Je fus l'émule.... et tous vous devinez mon nom.

LXXVI

J'offre en mes attributs contraste singulier :
Mon nom a patronné la gent ménétrière ;
   On me dit pauvre ainsi qu'hospitalier,
     Et mon indigent sanctuaire
Protège de Paris l'Hôtel-Dieu séculaire,
Abri des maux du pauvre et du peuple ouvrier.
Non loin, dans un palais dont on voit les ruines,
Vécut mon homonyme, apostat odieux ;
   A ce trait, lecteur, tu devines,
L'empereur, poursuivi des justices divines,
    Qui mourut en bravant les cieux !

LXXVII

   Je m'étends aux bords de la mer,
   Ou bien au penchant des montagnes ;
   Je m'abreuve du flot amer ;
   J'ajoute aux beautés des campagnes ;
   Ou bien encor, ami lecteur,
Ainsi qu'un bouclier je protège ton cœur.

LXXVIII

A mon sujet plusieurs ne sont pas bien d'accord :
   Suis-je unique ?... Ai-je un homonyme,

Contemporain de Paul et son disciple intime,
Grec illustre ?... A Paris, moi, je trouvai la mort ;
Deux siècles entre nous semblent mettre un abîme.
De ces opinions laquelle est dans son tort ?
Au temps des Antonins, dans la romaine Gaule,
Dans la crypte où plus tard je prêchai le vrai Dieu,
On adorait Mythrus, mystérieux symbole,
  Précurseur du Christ en ce lieu.
Sur un mont bien connu, je souffris le martyre ;
Je veille sur Paris ; son clergé, je l'inspire.
Mon glorieux tombeau, par la France honoré,
Protège ceux des rois dont il est entouré ;
Entre les monuments, restes du temps antique,
Quoi de plus imposant que notre basilique !

LXXIX

Je suis le résidu, soit de poudre infusée,
Graine oléagineuse, ou bien grappe écrasée,
Que l'industrie exploite encor plus d'une fois ;
— Puis, de l'or, de l'argent, je représente un poids ;
— Ou je désigne un saint : riche est sa cathédrale,
De la reine des mers parure sans rivale.

LXXX

 Après l'incomparable mère
 Qui mit au monde le Sauveur,
 On ne vit femme sur la terre
 Autant que moi chère à son cœur :
J'avais beaucoup péché, mais par ma repentance
 J'ai su trouver grâce à ses yeux ;
Et j'ai par tant d'amour effacé mon offense
 Que lui-même a pris ma défense
Alors que m'insultait l'hypocrite orgueilleux.
Dès lors je le suivis, et jusques au Calvaire,
Fidèle comme Jean, plus vaillante que Pierre,
Exhalant mes regrets, veillant à son tombeau,
La première je vis poindre le jour nouveau

Où, comme le soleil, quittant le sein des ondes,
Jésus sortit vainqueur des ténèbres profondes ;
Sa première parole en ce jour fut pour moi,
Des siens il m'ordonna de ranimer la foi ;
La victoire du Christ par moi leur fut apprise :
Jamais femmes, depuis, n'ont eu voix dans l'Eglise.

LXXXI

Dédiée à Mlle Marie Poivre.

Chaud, piquant et léger, offrant un condiment,
    Dont on use discrètement,
    Je viens des îles de la Sonde,
Et de là je me suis répandu dans le monde.
Français, fameux parmi les colonisateurs,
J'ai fait pour mon pays maints voyages utiles ;
De l'extrême Orient j'importai dans les îles
De France et de Bourbon le fruit de mes labeurs.
    Aujourd'hui, sous des traits aimables,
    Je représente la vertu :
    Et c'est par mes soins charitables
Que le pauvre est aidé, que l'enfant est vêtu.

LXXXII

Hérodote l'a dit, je fus un peuple brave,
Et je devais ma force à ma sobriété.
    Mais la mollesse m'a gâté ;
De moi le luxe a fait un peuple esclave.
    — De l'empire du grand Timour
    Je suis un pays limitrophe ;
    — Et je suis encore une étoffe
    Fort à la mode au temps de Pompadour ;
Ses dessins variés, ses couleurs éclatantes,
    Ont revêtu jadis nos grand'mamans ;
Et, servant de nos jours dans les ameublements,
    Rendent nos demeures riantes.
    — Je suis enfin une couleur,
Attribuée aux yeux des antiques déesses,

Inspirant aux mortels de trompeuses ivresses
    Par leurs regards fascinateurs.
En moi l'on voit un maître en l'art de la satire
Qui flétrit les excès de l'empire romain ;
Par Desportes traduit en vers, cet écrivain,
Sans blesser la pudeur de tous peut bien se lire.

LXXXIII

Jeu de mots.

Connaissez-vous deux personnages
Marquants dans l'ancien Testament,
Dont les noms sont les témoignages
De leurs destins, apparemment ?
L'un d'eux dit : *extrême richesse* ;
L'autre fut riche, il est déchu....
L'intelligent lecteur s'empresse
De nommer Jéthro puis Jéhu.

SOLUTIONS DES ÉNIGMES

I. — Cet animal est L'HOMME, qui, au matin de la vie, se traîne sur ses quatre membres; à midi, c'est-à-dire dans la force de l'âge, il se tient ferme sur ses deux jambes, et dans sa vieillesse, est obligé de s'appuyer sur un bâton qui lui sert de troisième jambe.

II. — Ces trois personnages sont : ADAM, — ELIE — et LA FEMME DE LOTH.

III. — Le mot de l'énigme est la lettre A.

IV. — Le mot de l'énigme est SALUT.

V. — Le mot de l'énigme est MARS (dieu, mois, actrice).

VI. — Le mot de l'énigme est MARS.

VII. — Le mot de l'énigme est LE GRAIN DE FROMENT.

VIII. — Le mot de l'énigme est LIVRE.

IX. — Le mot de l'énigme est CAMPAGNE.

X. — Le mot de l'énigme est BOUTON.

XI. — Le mot de l'énigme est BATON.

XII. — Le mot de l'énigme est FARCE.

XIII. — Le mot de l'énigme est CERCLE.

XIV. — Le mot de l'énigme est CARÊME.

XV. — Le mot de l'énigme est PAQUES.

XVI. — Le mot de l'énigme est LOUIS.

XVII. — Le mot de l'énigme est CANON.

XVIII. — Le mot de l'énigme est DIÈTE.

XIX. — Le mot de l'énigme est GOUTTE.

XX. — Le mot de l'énigme est POISSON.

XXI. — Le mot de l'énigme est CLOCHE.

XXII. — Le mot de l'énigme est OCTAVE.

XXIII. — Le mot de l'énigme est FRANC.

XXIV. — Le mot de l'énigme est ROSSIGNOL.

XXV. — Le mot de l'énigme est la lettre S.

XXVI. — Le mot de l'énigme est PARIS. — PARIS, Troyen; PARIS (Matthieu); PARIS (Paulin, Louis et Gaston).

XXVII. — Le mot de l'énigme est OUBLI, — OUBLIE.

XXVIII. — Le mot de l'énigme est BIÈRE.

XXIX. — Le mot de l'énigme est ORANGE.

XXX. — Le mot de l'énigme est AIRE. — Deux villes portent ce nom : l'une située dans le département des Landes, l'autre dans le Pas-de-Calais. — On appelle *aire* un endroit où l'on bat le blé. Les paysans y dansent d'abord pour en rendre le sol plus ferme. — Enfin le nom d'*aire* se donne au nid de l'aigle situé sur des hauteurs inaccessibles, où le chasseur peut rare-

50   JEUX D'ESPRIT

ment atteindre; cependant des anachorètes se sont quelquefois retirés sur de semblables hauteurs, les sommets du Montserrat, par exemple, où des ermitages pratiqués dans le rocher attestent que des solitaires y ont vécu, cachés dans les nuages, et le tonnerre grondant sous leurs pieds.

XXXI. — Le mot de l'énigme est BASILIC.
XXXII. — Le mot de l'énigme est ACCENT.
XXXIII. — Le mot de l'énigme est GERMAINE.
XXXIV. — Le mot de l'énigme est GRENADE.
XXXV. — Le mot de l'énigme est PÊCHE.
XXXVI. — Le mot de l'énigme est PALAIS.
XXXVII. — Le mot de l'énigme est AMOUR.
XXXVIII. — Le mot de l'énigme est TULLE.
XXXIX. — Le mot de l'énigme est la lettre L.
XL. — Le mot de l'énigme est MARTIAL.
XLI. — Le mot de l'énigme est CASTOR.
XLII. — Le mot de l'énigme est PIE.
XLIII. — Le mot de l'énigme est CRÈTE.
XLIV. — Le mot de l'énigme est MARQUISE.
XLV. — Le mot de l'énigme est VASE.
XLVI. — Le mot de l'énigme est LIÈGE.
XLVII. — Le mot de l'énigme est MARABOUT (moine musulman, — oiseau, — cafetière).
XLVIII. — Le mot de l'énigme est UN SOU.
XLIX. — Le mot de l'énigme est GALILÉE.
L. — Le mot de l'énigme est TABLE.
LI. — Le mot de l'énigme est ROSE. — Fleur, couleur, diamant, mont.
LII. — Le mot de l'énigme est NOIX.
LIII. — Le mot de l'énigme est MINE.
LIV. — Le mot de l'énigme est SOUCI. — La fleur de ce nom fleurit tous les mois; ses pétales s'ouvrent au lever du soleil et se ferment quand il se couche.
LV. — Le mot de l'énigme est VAISSEAU.
LVI. — Le mot de l'énigme est JULIENNE. — On sait que c'est à sainte Julienne (du mont Cornillon près Liège) que l'on doit l'institution de la Fête-Dieu.
LVII. — Les mots de l'énigme sont CROISÉ et CROISÉE.
LVIII. — Le mot de l'énigme est BARBE.
LIX. — Le mot de l'énigme est PATIENCE.
LX. — Le mot de l'énigme est TIGRE.
LXI. — Le mot de l'énigme est NÉCESSAIRE.
LXII. — Le mot de l'énigme est SOMME.
LXIII. — Le mot de l'énigme est BOURDON.
LXIV. — Le mot de l'énigme est BOUILLON. — Après l'illustre Godefroi, la seigneurie de Bouillon est passée dans la famille de la Marck qui s'est alliée à celle de la Tour d'Auvergne, c'est ainsi que Turenne est fils d'un duc de Bouillon. Bossuet a

prononcé un discours célèbre, à l'occasion de la vêture de Mlle Emilie de Bouillon, religieuse carmélite.

LXV. — Le mot de l'énigme est MOUSSE.
LXVI. — Le mot de l'énigme est NICHE.
LXVII. — Le mot de l'énigme est SARRAZIN.
LXVIII. — Le mot de l'énigme est la lettre C.
LXIX. — Le mot de l'énigme est TRAIT.
LXX. — Le mot de l'énigme est BOUILLOTE.
LXXI. — Le mot de l'énigme est PERSONNE.
LXXII. — Le mot de l'énigme est MANCHE.
LXXIII. — Le mot de l'énigme est FILET.
LXXIV. — Le mot de l'énigme est la lettre E — E muet; E fermé; E ouvert; E orné d'un accent circonflexe.
LXXV. — Le mot de l'énigme est TASSE.
LXXVI. — Le mot de l'énigme est JULIEN. — L'Eglise honore plusieurs saints de ce nom, et Paris, en particulier, connaît *saint Julien des ménétriers, saint Julien le pauvre, saint Julien l'hospitalier*. Ces différents attributs sont ceux d'un seul personnage. L'antique et misérable sanctuaire de Saint-Julien le Pauvre sert de chapelle à l'Hôtel-Dieu de Paris. — A une petite distance sont les ruines du palais des Thermes, le plus vieux monument de notre capitale. Ce palais, de l'époque gallo-romaine, fut habité par *Julien l'apostat*, qui y fut proclamé empereur, et dont tout le monde connaît l'audace sacrilège et la fin déplorable.
LXXVII. — Le mot de l'énigme est CÔTE.
LXXVIII. — Le mot de l'énigme est DENIS (saint).
LXXIX. — Le mot de l'énigme est MARC.
LXXX. — Le mot de l'énigme est MADELEINE.
LXXXI. — Le mot de l'énigme est POIVRE.
LXXXII. — Le mot de l'énigme est PERSE. — Peuple ancien; pays qui conserve encore ce nom; toile peinte; couleur bleue, tirant sur le vert; poète satirique du temps de l'empereur Néron, traduit en vers français par Auguste Desportes en 1841.

II

Charades. (1)

I

Mon premier rappelle jeunesse,
Fleurs, virginale piété;
A la porte, à table, à la messe
Mon dernier est fort usité;
Ou, dans une chambre affolée,
Agité par un président,
Il remet l'ordre en l'assemblée
Que troublait un bruit discordant.
Mon entier, le rêve du sage,
Lui promet la félicité :
Avec jardin pour entourage,
Un coin pour l'hospitalité....
Au bonheur il faut peu de place :
Il se plaît parmi les petits;
Pourvu que dans l'étroit espace
Se rencontrent de vrais amis.

II

En deux moitiés je me partage :
La première répond à des besoins nombreux;
Maisons, meubles et chars, en font un grand usage;
L'été, vous y trouvez rafraîchissant ombrage,
Et l'hiver on lui doit chaleur, cercles joyeux.

(1) Le mot de chaque charade se ouve page 89.

—Ma seconde moitié n'est qu'un humble ustensile,
Dont on fait peu de cas : s'il fallait s'en passer,
On comprendrait soudain combien il est utile;
Et comme on donnerait l'élégant, le futile,
  Pour bien vite le remplacer !
Tel l'ange du foyer, fille ou femme modeste,
Que l'on compte pour rien, que parfois l'on moleste,
Remplit un rôle obscur, pourtant essentiel :
  Mais que l'ange s'envole au ciel !...
Alors la maison souffre, alors on apprécie
L'âme qui sans éclat y répandait la vie.
O justice tardive et regrets superflus !
Nul ne revient jamais du séjour des élus.
— Retournons vers la terre : une vieille mesure,
Servant aux aliments de grossière nature,
Réunit mes deux parts. C'est tout matériel ;
Je rappelle pourtant un sens spirituel :
Je ne dois pas cacher, étouffer la lumière,
Mais plutôt lui servir de base et de soutien
  Afin que de haut elle éclaire....
La parabole est près de vingt fois séculaire,
  Et prouve mon usage ancien.

III

 Mon entier, un grand marécage,
Rappelle au souvenir des tableaux affligeants ;
 Il a toutefois l'avantage
D'offrir un combustible à bien des pauvres gens.
  — En deux moitiés il se partage :
La première, autrefois, protégeait le rempart,
Le château féodal..... Elle est encore utile,
De son faîte imposant veillant sur une ville
  Et de l'heure lui faisant part.
  — La seconde est le dernier terme
  Où vient aboutir l'orgueilleux ;
  Mais des leçons qu'elle renferme
 Pourquoi toujours détournons-nous les yeux !

IV

De l'apparence il faut se défier :
Tout ce qui reluit n'est pas mon premier;
On l'imite, on le falsifie.
— La divine bonté par amour nous confie
Aux tendres soins de mon dernier.
Que notre âme lui soit docile !
— Mon entier est un fruit; c'est le nom d'une ville,
C'est une éclatante couleur;
Mais à dire plus long serait fort inutile,
Car vous m'avez nommée, intelligent lecteur.

V

De ce que peut enfanter le génie,
Prose, vers, peinture, harmonie,
Rien n'est parfait sans mon premier;
L'œuvre que l'esprit crée ou rêve
Le travail patient l'achève,
Si l'on veut exceller dans quelque art ou métier.
A l'usage des corps solides,
Mon dernier, sans laisser de vides,
Doit mesurer l'aliment de nos feux;
Mon entier du vieux Celte a gardé le langage,
Et les coutumes d'un autre âge,
Et les vertus de nos aïeux.

VI

Dans la science, on voit de mon premier
La géométrique figure,
Avec son aide l'on mesure
Infailliblement mon dernier.
Mais, chose étrange, mon entier
N'est qu'un fragment de mon dernier !
Par son active intelligence
Il étend partout sa puissance,

Pour tout civiliser il devrait s'en servir,
Plutôt que de chercher sans cesse à s'enrichir.

VII

Plus un objet est plein de mon premier,
　Certainement, cher lecteur, moins il pèse ;
Invisibles sont ceux qui couvrent mon dernier ;
On leur doit d'éviter souvent plus d'un malaise.
　— Que dirai-je de mon entier,
Ce trésor, qu'aujourd'hui légèrement délaisse
La folle ambition de la fille des champs ?
Plus simple, au temps jadis, fille noble, ou princesse,
Filait en l'entourant de ses soins vigilants.

VIII

　De Beethoven la musique sacrée
Rend mon premier célèbre entre toutes ses sœurs ;
　— De mon dernier, plage ignorée,
Parfois s'offre aux marins la retraite assurée
　Contre un trépas rempli d'horreurs ;
Mon entier, sagement, doit sembler préférable
A tout ce qui séduit, ce qui n'est qu'agréable :
Si vous voulez des fruits, n'effeuillez pas les fleurs.

IX

A l'âge où rêves d'or l'emportent sur prudence,
Fillette en mon premier croit trouver le bonheur ;
　Mais trop souvent la dure expérience
　　Vient démentir un songe si flatteur.
　　　Mon second est un anonyme
　　　Accusé d'être médisant,
　　　Plusieurs déchirent leur victime
　　　Sous son couvert, impunément.
N'en craignez rien pourtant si votre conscience
　　Est mon dernier ; elle vous soutiendra :
　　　Tôt ou tard de la malveillance
　　　　La vérité triomphera.

A Paris, pour charmer l'enfance,
Mon tout, enfin,
La convie avec insistance
Chez Guignol ou chez Séraphin.

X

Mon premier souvent qualifie
Certains religieux et des chefs d'abbaye;
Et mon dernier, quand l'étoile parut,
Vite à Bethléem accourut.
Mon entier est un tort qu'aux autres, à soi-même,
On fait en trop parlant, — en voulant trop gagner;
— Par négligence encor, — ou bien par zèle extrême :
Prudence et charité doivent s'accompagner.

XI

Autrefois mon premier, dans un brillant festin
Pour porter quelque *toast* passait de main en main,
Alors le chevalier jurait d'être fidèle
A quelque sainte cause, à son prince, à sa belle.
Mon dernier, tour à tour, est jeune fille, ou fleur,
Montagne, diamant, éclatante couleur,
Ou bien encor vitrail, dans une cathédrale,
Projetant des reflets irisés sur la dalle.
Mon entier tient du cuivre, ou s'attaque à la peau,
En altérant le teint jusqu'alors le plus beau :
Mesdames, puisse-t-il sur votre frais visage
Ne jamais exercer son funeste ravage !

XII

Mon premier est du chat l'aliment préféré,
Mon dernier du lévite est l'ornement sacré,
Mon entier, déployant ses ailes
Et fendant l'espace éthéré,
Fait vivre ; mais fuyez ses atteintes mortelles !

XIII

Mon premier, plus qu'utile, est propre à maint usage :
Avant qu'on l'eût connu, c'était l'état sauvage.
    Mais, de quoi n'abuse-t-on pas !
Il a multiplié les chances de trépas.
Mon dernier est un roi et; qui plus est, un sage,
On le vit au Sauveur des premiers rendre hommage,
Pour rapporter ensuite en ses Etats lointains
Des semences de foi d'où germent les chrétiens.
Mon entier est un droit qu'à leur propriétaire
    Paient les paysans qui cultivent sa terre;
Quand la récolte est belle, il leur reste un boni,
Prix d'un rude labeur que le ciel a béni.

XIV

Sans mon premier, qui lie et le corps et la tête,
    Nulle personne n'est complète.
On peut le voir aussi se raidir sous l'empois,
    Ou s'orner de fleurs sous vos doigts.
    Il sépare encor deux montagnes;
C'est par là qu'on descend dans les vertes campagnes ;
C'est là que sous les rocs s'abrite le voleur,
Que le contrebandier, pris pour lui, vous fait peur....
    Mon dernier est une guenille
    Dont la misère, hélas ! s'habille ;
A moins que l'attentive et tendre charité
N'y pourvoie, au mépris d'une frivolité.
    Pour mon entier, c'est une causerie,
    A *parté*, dont le fond et la forme varie,
    Grave ou plaisant, selon le cas....
On y traite parfois d'objets très délicats :
    Plusieurs parlent sous le portique
    Religion ou politique ;
    Ou bien dans un coin l'on médit,
    On déraisonne ou l'on fait de l'esprit;
On intrigue tout bas, ou l'on noue une affaire...
Vingt fois pour une, il vaudrait mieux se taire.

XV

Dans la langue des Chaldéens,
Mon premier est un nom, signifiant *princesse* :
Celle qui le porta, mère dans sa vieillesse,
Fut l'aïeule des Juifs et des Iduméens.
Mon dernier, quelquefois, pour une noble cause
Combat quand l'anarchie à l'union s'oppose ;
Mais plus communément, troupe de malfaiteurs,
Du meurtre et du pillage on y voit les auteurs ;
Pris dans un autre sens, il panse les blessures,
Par les mains de ces Sœurs, si bonnes et si pures,
Que la religion enfante dans son sein,
Et dont toutes douleurs appellent un essaim.
Pour mon entier, c'était une danse espagnole,
Hors de mode aujourd'hui, comme le menuet ;
Castagnettes et chants y remplissaient leur rôle ;
    D'ailleurs l'orchestre était muet.

XVI

    Mon premier, ville de Judée,
    Mon dernier, tribu d'Israël,
Forment, en se joignant, un temps très solennel
    Dans la religion fondée
Par Mahomet, chez les fils d'Ismaël :
En jeûnant tout le jour, ils font leur pénitence
Selon la lettre seule, et l'esprit est absent ;
On les voit se livrer à toute intempérance
Sitôt que le soleil dans sa couche descend.

XVII

    Dans l'examen de bachelier,
    Celui qui subit mon dernier
N'est pas toujours très fort sur mon premier :
Beaucoup trop l'on néglige en nos classes publiques
    Les études géographiques.
Grec et latin, très bien ; mais, mers et continents,

Fleuves, côtes, départements!...
Sur ces choses essentielles
Plus instruites sont nos jeunes demoiselles.
Mon entier exhibe un galon :
D'une autorité c'est le signe ;
Celui qui sait s'en montrer digne
Peut, de ce premier échelon,
Entrevoir un grand horizon.
Qu'il suive avec honneur toujours la droite ligne,
Le prix de ses efforts peut être... le bâton

XVIII

Bien malheureux celui qui n'a pas mon premier!
  C'est un besoin qui domine tout autre :
    Avec le pauvre partager le nôtre,
C'est recevoir Dieu même, avec lui communier.
Dans certain médecin du roi Louis l'onzième
Aisément, cher lecteur, vous verrez mon deuxième,
Et de ces deux fragments vous ferez mon entier ;
Vous aimez ses produits frais ou mis en compote...
Mais vous direz, lecteur, vraiment que je radote
De rappeler ce vieux et naïf calembourg,
Qui dans le moyen âge était au goût du jour.

XIX

  L'aimable nom que mon premier !
Dans la langue hébraïque il exprime la grâce ;
  Il n'est qu'un nom qui le surpasse :
Tous deux presque toujours on les voit s'allier.
    Dans vos vêtements fait ravage
    Mon dernier, insecte rongeur ;
Parfois irréparable, hélas ! est le dommage.
Avec un peu de soin prévenez ce malheur !
Mon entier est un peuple habitant l'Indo-Chine ;
Il remplit le Tong-King avec la Cochinchine,
Pour venger ses méfaits, par nos armes conquis,
Nous y colonisons une part du pays ;

C'est, sous un ciel ardent, une riche contrée :
Puisse la foi bientôt l'avoir régénérée !

XX

Nom moderne d'une île autrefois la retraite
D'un empereur romain, vous avez mon premier :
Sur ce qui s'y passait ne faisons point d'enquête,
C'est par trop odieux ; il vaut mieux l'oublier.
A certains animaux donné pour leur défense,
Mon dernier est encore emblème d'abondance.
Signe du Zodiaque, on peut voir mon entier
Clore des douze mois le cycle régulier :
Il amène l'hiver et la sombre froidure.
D'un animal il a le nom et la figure.

XXI

Propre à l'attaque, ou la défense,
Mon premier est aussi symbole d'abondance,
Répandant des fruits et des fleurs ;
Cultivant les arts, la science,
Mon dernier brille entre ses sœurs.
Les échos de Calédonie
Nous font entendre mon entier,
Mêlant, au sein des monts, sa sauvage harmonie
Au chant de l'Highlander, pastoral et guerrier.

XXII

Du rang suprême, en la littérature
On ne peut contester l'honneur à mon premier,
A qui manque de dents convient fort mon dernier ;
Présent du Ciel, mon entier, chose rare,
Est le seul dont il soit avare.

XXIII

Mon premier fut jadis des grands le privilège,
Et de nos jours encore il charme leur loisir :

Plût à Dieu qu'on n'eût point de plus méchant plaisir!
Il apprend à souffrir le froid, le vent, la neige,
Il rend le corps robuste, exerce l'œil au tir.
   A la cuisine, et, dirai-je, à la chambre?
     Mon dernier a son intérêt,
      Et, sous plus d'une forme, il plaît:
     Donnant des roses en décembre,
   Sur l'étagère on peut le voir fleuri;
Il sait l'art de charmer même en étant pourri.
  Mon tout, créé dans un but de victoire,
N'eut pas toujours, hélas! cet heureux résultat;
C'est par d'autres moyens que prospère un Etat:
Vaincre ses passions est la plus sûre gloire.

XXIV

Nourriture du corps, quelquefois mon premier
    Se change en aliment de l'âme.
   Parfum d'un grand prix, mon dernier,
Sur un auguste front versé par une femme
Témoigne d'un amour généreux, dévoué,
    Qui doit être à jamais loué.
    Sur de martiales épaules,
   Comme insigne des premiers rôles,
  Objet des vœux de tout jeune guerrier,
Sous la forme de graine on peut voir mon entier.

XXV

   Suivant de variables lois,
Mon premier quelquefois l'emporte sur les rois.
   — Dominant au loin l'étendue,
De mon dernier le front s'efface dans la nue.
   — Mon entier, méchant animal,
Quoique petit, peut faire bien du mal:
— C'est par lui que périt la belle Cléopâtre.
Que le Ciel débonnaire en préserve le pâtre!
Comme David ou Paul, par les anges porté,
Le saint le foule aux pieds avec sécurité.

XXVI

Mon premier, un chrétien le chérit, le pratique ;
Mon dernier est toujours argument sans réplique ;
D'un cœur reconnaissant mon tout fait un ami,
Et ravit quelquefois le cœur d'un ennemi.

XXVII

Mon premier est une voiture,
Commune dans l'antiquité ;
Au théâtre, en vers, en peinture,
On le voit encore usité.
— Mon dernier, de mauvais augure,
Est un oiseau babillard et voleur...
Ou plutôt, nom auguste, imposante figure,
Il est digne de tout honneur.
— Préparé par les mains d'une pieuse Sœur,
Mon tout soulage la blessure,
Que reçoit au combat le guerrier plein d'ardeur.

XXVIII

Dans votre potager et dans votre potage
On voit figurer mon premier.
— Dire combien de fois vous comptez mon dernier
Serait indiscret et peu sage.
— Des Celtes, glorieux enfants,
On a vu mon entier, héros des jours récents,
Dans un temps malheureux, montrer seuls en partage
Foi, dévouement, fidélité, courage.
C'était, dit un César, un peuple de géants !

XXIX

Mon premier de mépris est un terme usité ;
Mon dernier est le nom d'une mesure agraire
En Amérique, en Angleterre,
Et par Cooper souvent cité.

Mon entier, saint patron de la gent jardinière,
Aux champs déploie encor sa riante bannière,
   Reste d'antique piété.
 - Mais, sous forme de véhicule,
C'est surtout à Paris qu'il abonde et circule.

XXX

  En bien se change mon premier
  Dans les mains de la Providence ;
  Et vivre dans sa dépendance
  Vaut mieux qu'user de mon dernier ;
Pour ne pas tenter Dieu pourtant, que la prudence
  Nous fasse éviter mon entier !

XXXI

  Mon premier, plante parasite,
Se recueillait jadis avec un soin pieux
Quand, la faucille d'or en main, suivant le rite,
La druidesse fêtait l'an neuf de nos aïeux.
— Mon dernier, jeune fille, ah ! soyez-le toujours
  Sous l'égide de votre mère ;
Des anges et de Dieu vous aurez les amours,
  Et tous les respects de la terre !
  D'ailleurs, cela n'empêche guère
De mon entier pour vous les attraits innocents :
  Car tout ensemble il vous procure
Un travail délicat, aimable passe-temps,
  Ainsi qu'une riche parure.

XXXII

  Sortant du sein de notre mère,
  Chacun de nous est mon premier ;
Qu'il semble loin alors le jour où mon dernier
De sa pesante main nous courbe vers la terre !
  Vapeur légère, mon entier
Peut obscurcir le ciel, recéler le tonnerre :

Frères, amis, parents, époux,
Puisse-t-il ne jamais s'élever entre vous !

XXXIII

Mon premier est un ton naturel, bémol, dièze...
En germe, mon dernier contient l'arbre et son fruit ;
Redoutant le jour et le bruit,
Mon tout est un état d'indicible malaise :
Le remède qui mieux l'apaise
Est le calme repos d'une profonde nuit.

XXXIV

Jeunes fillettes,
Vous désirez bien à tort mon premier ;
Vieilles coquettes,
Bien vainement vous cachez mon dernier.
Dans mon entier ceux qu'un attrait engage,
Saint Paul l'a dit,
De choisir le meilleur partage
N'ont pas l'esprit.

XXXV

Un laps de temps, — une sorte de terre,
Voilà mon premier, mon dernier.
Voyageant seule, libre et fière,
En tout pays ainsi qu'en Angleterre
On peut rencontrer mon entier.

XXXVI

Mon premier vaut pour nous plus qu'une mine d'or ;
Veut-on le remuer, on y trouve un trésor :
Mais, aveugle et trompé, l'habitant des campagnes
Pour Paris trop souvent déserte ses montagnes ;
Bientôt le regret suit la désillusion ;
Heureux si l'on échappe à la corruption !...
Mon dernier, messager des régions célestes,

Esprit, mère, ou pasteur, de ces écueils funestes,
Si vous le consultez, saura vous garantir,
Ou tendre, s'il le faut, la main au repentir.
— Mon tout est du Berry la célèbre patronne :
A ce nom répondra plus d'une Berrichonne.

XXXVII

Quiconque a des chevaux doit avoir mon entier ;
L'homme dans mon premier apprête sa pâture ;
Mal redoutable, effet et cause, mon dernier
Commençant par morsure entraîne une mort sûre.

XXXVIII

Difficilement mon premier,
Du Paradis trouve l'entrée ;
Mais celui qui n'a pas ici-bas mon dernier,
Compte avoir là du moins une place assurée.
La France à mon entier doit beaucoup de grandeur :
Il raffermit le trône et terrassa l'erreur.

XXXIX

Mon premier, trop souvent plus nuisible qu'utile,
Est brillant, quoique issu de la poussière vile ;
Mon second, sous les doigts d'une ouvrière habile,
Qui lui donne un tour gracieux,
Se drape en replis onduleux,
Bien vite évanouis mais lourds à nos épaules.
Mon dernier vers la tombe a fait pencher nos fronts,
Nous léguant toutefois, pour bien finir nos rôles,
L'expérience aux yeux profonds.
Mon entier fut témoin de l'insigne victoire
D'une vierge chrétienne à l'esprit inspiré ;
Seul, l'impie a tenté de ternir cette gloire,
Mais de tout cœur français son nom est vénéré.

XL

Du Dieu qui me créa je peins l'immensité,
Son bras me sert de digue et son regard m'éclaire ;
Je suis majestueuse et parfois bien sévère ;
J'engloutis des trésors dans mon sein irrité.
Ainsi dit mon premier ; — mon second, plus modeste,
De l'âme vers le ciel facilite l'essor ;
Favorable au travail, au remords seul funeste,
Il peut au repentir devenir doux encor.
Mon tout sait nous charmer dans l'histoire ou la fable,
Surtout dans les récits de nos siècles de foi ;
La nature en abonde, et Dieu nous en accable
Pour toucher notre cœur, nous faire aimer sa loi.

XLI

De la divinité
Océan sans rivage,
Dans son immensité
Mon premier offre une imposante image.
Inhabile souvent à faire mon dernier,
L'art voudrait appeler la nature à son aide,
Ne les négligez pas, sans trop vous y fier :
Mais c'est en plus haut lieu qu'est des maux le remède.
Mon entier fut l'ambassadeur
Du roi d'un fabuleux empire :
Patron du marchand, du voleur,
De l'avocat et du rhéteur,
Sur son compte on pourrait trouver beaucoup à dire :
Agent de maint complot inique et criminel,
Qui le croirait, pourtant ? il a sa place au ciel !
Et, tant que dureront les mondes,
Entre tous ses rivaux le plus près du soleil,
Presque caché sous un rayon vermeil,
Il se fait remarquer sur la terre et les ondes.

XLII

Mon premier, cher lecteur, substance volatile,
Nous éclaire, ou nous aide à monter vers les cieux :
En moderne industrie, élément fort utile,
Elle est une puissance, un agent merveilleux,
    Bien qu'insaisissable et subtile.
— Mon dernier, dont on craint par trop l'opinion,
    Endosse mainte médisance ;
— Effleuré par le vol du brillant papillon,
Mon tout invite aux jeux, aux plaisirs, à la danse ;
Mais sur vos pas légers veillez avec prudence,
Car parfois le serpent se cache sous la fleur,
Ou l'aiguillon au sein de la rose odorante ;
Ne vous égarez pas suivant la flamme errante ;
Et ne vous fiez pas au mirage trompeur.

XLIII

Mon premier, fruit fécond d'une humble graminée,
A parfois ici-bas de sublimes destins !
— Mon second, dont on fait honneur aux médecins,
Est encor, si l'on veut, une demeure ornée
De vignes et de lierre, un toit hospitalier,
Dont savoir et vertus embaument le foyer.
— Mon tout, un philosophe, est le chef d'une école
Dont le plaisir des sens est le but et l'idole,
Ecole bien contraire à celle de la Croix !
Entre ces deux chemins il nous faut faire un choix :
L'un est étroit et rude, il monte aux hautes cimes ;
L'autre paraît aisé, mais il mène aux abîmes.

XLIV

Instrument de travail, mon premier est utile ;
Ou, servant au plaisir, il est au moins futile,
    Quelquefois même dangereux ;
    Il a fait bien des malheureux.

Mon dernier, s'agit-il de festin, d'héritage,
De la stricte équité doit présenter le gage :
En le distribuant ne négligeons pas Dieu,
    Qui saura bien nous le rendre en son lieu....
Le prier de choisir pour nous, c'est être sage.
Image de la mort, mon entier, douloureux,
Est surtout désolant pour celui qui demeure :
Au foyer qu'il délaisse oubliant qu'on le pleure,
L'inconstant voyageur sourit sous d'autres cieux.

XLV

Si mon premier déchire, il fertilise :
    Telle l'épreuve, la douleur,
    Rend plus généreux et meilleur
    L'homme que l'adversité brise.
Cher lecteur, mon dernier est l'un de vos viscères :
Puissent de gais propos parfois l'épanouir !
    Laissant les entretiens austères
Après dîner il faut un peu se réjouir :
Tel est le sentiment de doctes et saints Pères.
Prodige pour son temps, mon entier fut un sage :
Il sut deviner Dieu, prêcha la vérité;
Bon, modeste, équitable, il fut persécuté :
Des vertus n'est-ce pas ici-bas le partage ?

XLVI

    Mon premier, quand il est nouveau,
    Semble avec lui ramener l'espérance;
    On croit renaître du tombeau,
Saluer une aurore, un horizon immense.
    Mais trop vite, hélas ! il vieillit,
Et la réalité ne vaut pas la promesse ;
    Le voilà bientôt décrépit :
Mais puisse-t-il du moins nous léguer la sagesse !
    Mon dernier est l'ambassadeur
    D'une puissance vénérable;
Seule, ainsi l'a prédit son divin fondateur,

Nous la verrons demeurer stable.
C'est mon tout qui fait le succès
D'une œuvre, plus que le mérite :
Où le bruit se fait l'on court vite ;
Tel est l'usage des Français.
Se laissant éblouir par un pompeux mensonge
Et prodiguant leur or pour le plus faux clinquant,
Trop crédules lecteurs, dites, jusques à quand
Alimenterez-vous cette hydre qui vous ronge ?

XLVII

Mon premier, un village, est dans les Pyrénées,
De riante verdure en ce beau site ornées ;
C'est le val de Campan, lieu cher aux voyageurs,
Dont les eaux de Bagnère apaisent les douleurs.
On trouve mon dernier : dans les jeux ; à la Bourse ;
A la guerre surtout ; parfois dans une course ;
En explorant au loin les terres et les mers ;
En traversant la flamme ; en montant dans les airs ;
A la chasse ; à la pêche ; à cheval ; en voiture ;
Sur les chemins de fer ; dans la mine ; en la bure....
Même au lit, même à table, et jusqu'au coin du feu...
Il est un peu partout.... Où n'est-il pas, mon Dieu !
Mon entier, seulement toute petite étoile,
N'a pas pour mission de guider une voile :
Elle est, sur le papier, un signe indicateur ;
Vous l'avez remarquée assez souvent, lecteur.

XLVIII

Au temps jadis on voyait mon premier
Faire abaisser maint pont, ouvrir mainte tourelle,
L'antique nom de mon second rappelle
L'imprudent Phaéton que l'on vit s'y noyer.
C'est grâce à mon dernier que la ville assiégée
Peut contre l'ennemi résister plus longtemps,
Ou l'embarcation sur un roc naufragée,
Attendre le vaisseau qu'amèneront les vents.

Aux siècles précédents, qu'à tort l'on calomnie,
   Mon entier unissait ouvriers et patrons,
   Offrant un noble but à leurs ambitions,
Un appui mutuel, une heureuse harmonie ;
Tels étaient les bons fruits qu'aujourd'hui l'on renie
   Pour se nourrir d'illusions.
  Ah ! revenons à l'esprit de nos pères !
  Si nous avons gagné, nous avons plus perdu :
    Plus bas le peuple est descendu,
    En s'alliant à de faux frères.

XLIX

Mon premier est un chef de milice ottomane.
Mon dernier, roi d'Egypte et de la Suziane :
On a cru voir en lui l'un des Aménophis,
   Puis Osymandias, ou même Sésostris....
On vénérait jadis sa colossale image ;
Des siècles dès longtemps elle a subi l'outrage.
La légende prétend qu'un son harmonieux
S'en échappait au choc des rayons matineux.
Mon entier, roi d'Argos, était un fils d'Atrée,
Père d'Iphigénie, une vierge sacrée
Qu'il faillit immoler à son ambition ;
Il fut le chef des Grecs ligués contre Ilion,
Dont la prise tarda dix ans, par des querelles
Que la lyre d'Homère a su rendre immortelles.
Rentré chez lui, vainqueur, il y trouva la mort :
Electre en le pleurant nous fait plaindre son sort ;
On partage, attendri, sa douleur filiale,
On frémit à l'aspect de l'urne sépulcrale,
Aux funèbres accents traduits par Crébillon....
De ce héros, lecteurs, tous vous savez le nom.

L

On a dit, bien à tort, que jamais une femme
    Ne garde intègre mon premier ;
    Mon second est l'asile altier

D'un oiseau, dont l'essor, comme celui de l'âme,
    Elève un vol audacieux
    Jusqu'aux plus hauts sommets des cieux.
Mon entier est un meuble, où gît plus d'un mystère;
    Ou bien un humble confident,
    Dont le concours, aux grands fort nécessaire,
    Requiert prudence et dévouement.

LI

On me trouve au berceau, rose, frais et suave ;
Je grimpe volontiers si l'on n'y met entrave.
— Ma première moitié recherche les hauts lieux
    Et se plaît aux sauts périlleux ;
    Légère, et sujette au caprice,
    Elle est pourtant bonne nourrice :
On la vit mainte fois d'enfants abandonnés
Sauver les jours naissants, à périr condamnés.
— Ma dernière moitié, couleur de l'espérance,
Contracte en vieillissant une fauve nuance ;
Ou bien de l'innocence on lui voit la candeur ;
Mais son destin n'est pas de garder sa blancheur,
Et, comme une jeune âme encor neuve en la vie,
Ce qui peut l'altérer semble lui faire envie ;
On la voit accessible à toute impression,
Esprit bon ou mauvais, calcul ou passion.
Puisse la vérité, s'y montrant lumineuse,
N'y point laisser de champ à l'erreur captieuse ;
Alors le demi-deuil dont elle se teindra
Au lieu de la ternir plutôt l'ennoblira.

LII

Mon premier se rencontre au centre de Paris.
Il est fier; car « c'est moi, dit-il, qui le nourris ;
» Je suis comme le cœur de cette immense ville
» Et de ses monuments non pas le moins utile :
» Que je vienne un moment à suspendre mon cours,
» La capitale à jeun voit menacer ses jours ! »

— Mon second te ramène au temps de nos vieux âges,
Dont il dit les hauts faits et les tendres servages,
Les lais des cours d'amour... Dieu, la dame et le roi !
Telle était la devise en ces siècles de foi.
— Mon entier, arme antique, est l'attribut du suisse,
Et, quoique dans l'église exerçant son office,
Avec miséricorde il n'a jamais rimé...
Mais c'est en dire assez, lecteur, tu m'as nommé.

LIII

Redoute mon premier, et fais des sacrifices
Pour l'éviter, surtout si ton droit est douteux ;
Mais fût-il clair, Celui qui pèse les justices
Au centuple paiera cet effort généreux.
— Mon dernier inspira les lyres prophétiques ;
Israël y fut sourd, et l'oracle se tait ;
Nous voyons s'accomplir le vœu de ses cantiques,
Aux figures succède un éclatant bienfait.
— L'arche sainte n'est plus, mais dans nos tabernacles
Le Saint des Saints demeure et s'immole pour nous.
Comme en ses jours mortels, prodiguant les miracles,
Mon entier nous le montre ; après lui courons tous !...
Cœurs oppressés, venez, des fardeaux il allège ;
Infirmes, c'est sa fête, il vient vous inviter.
Heureux sont les chemins que parcourt son cortège !
Béni le toit qui peut un moment l'abriter !

LIV

Dans Rome, mon premier, après une victoire,
    Promenait le triomphateur ;
Les vaincus, enchaînés, faisaient suite au vainqueur :
Par cette barbarie il entachait sa gloire :
De Vercingétorix, qu'humiliait César,
L'héroïque vertu méritait plus d'égard !
Mon dernier, un poisson, espèce de morue,
Et comme elle féconde aussi bien que goulue,
    Nous offre un mets substantiel,

Et dans certains pays, vraiment essentiel.
Mon entier d'un grand monstre a délivré la France ;
Mais tant d'autres restaient ! Eprouvant leur vengeance,
En fille de Corneille, elle a souffert la mort.
Qui de nous n'a gémi sur son funeste sort !
Mais, pour finir, lecteur, sur un penser moins triste,
Je suis un mets sucré, fait des mains d'un artiste.

LV

De mon premier la faux tranche les tendres fleurs ;
— D'un fer bien plus léger supportant les rigueurs
Mon dernier peut par l'art embellir sa nature ;
Quelquefois d'un mensonge il trahit l'imposture.
— Et mon entier préside à l'instant solennel
Où, bien réellement, et non pas en figure,
Un Dieu, se soumettant à la voix d'un mortel,
    Daigne descendre sur l'autel.

LVI

Mon premier porte au ciel les âmes élevées ;
C'est, dans un autre sens, un acte vil et bas,
    Que ce siècle, aux mœurs dépravées,
    Tolère beaucoup trop, hélas !
Mon dernier est un art, peu commun, qui s'inspire
De prudence, et parfois aussi de lâcheté ;
    Mais que justement l'on admire
    Quand il naît de la charité.
Mon tout, dont la mémoire est à bon droit flétrie,
A montré constamment plus d'esprit que de cœur :
Il a tout insulté, foi, vérité, patrie,
Et fut de l'étranger le lâche adulateur.

LVII

    Pour déguiser aux yeux la vérité,
Mon premier tout exprès paraît être inventé ;
— Mon dernier doit laver mainte et mainte souillure,

Dans l'ordre de la grâce, ou bien de la nature.
— De nos forces mon tout peut passer la mesure :
Mais de son poids le Ciel nous aide à nous charger,
Et le divin amour le rend doux et léger.

LVIII

Mon premier quelquefois de notre sort décide,
Et lorsqu'on en risque un, d'autres ne coûtent plus.
Banni de mon dernier, sur sa harpe timide,
Israël exhalait ses regrets superflus.
— Mon tout, tyran cruel, dont il faut se défendre,
Ou bien, drame sanglant d'un martyre divin,
Est, en un mot, lecteur (suivant qu'on veut l'entendre),
La perte ou le salut de tout le genre humain.

LIX

Descendre mon premier est aisé, l'on y glisse;
Mais trop souvent, hélas, il mène au précipice ;
Il est beaucoup plus dur de gravir mon dernier ;
Tel du ciel est étroit l'âpre et rude sentier.
Mais n'est-ce point l'effort qui conduit à la gloire ?
Et sans lutte comment obtenir la victoire ?
Mon tout est doublement un grand jour : et pourquoi ?
C'est le jour où d'abord Dieu promulgua sa loi,
Loi que plus tard le Christ devait rendre parfaite ;
C'est le jour où, depuis, resplendit sur la tête
Des apôtres craintifs, au cénacle assemblés,
L'Esprit, illuminant leurs cœurs renouvelés.

LX

On dédaigne fort mon premier ;
Mais son absence est pourtant déplorable.
Un zèle ingénieux, autant que charitable,
En le multipliant, forme un puissant levier
Qui vient en aide à mon dernier.
Mon tout, plus que le sacrifice,

Rend l'homme agréable au Seigneur,
Qui regarde d'un œil propice
Les besoins de l'humble de cœur.

LXI

De l'homme fatigué généreuse liqueur,
Mon premier fortifie et réjouit le cœur ;
Mon dernier, un beau nombre, en général sait plaire,
Soit qu'il s'agisse d'ans, d'écus, d'arpents de terre.
Mon entier est un nom par deux héros porté :
L'un des deux fut martyr, — et de la charité
L'autre nous offre en lui le plus parfait modèle...
Tu l'as nommé, lecteur, ce seul trait le révèle.

LXII

Rien n'est beau, n'est aimable autant que mon premier :
Le bon esprit s'y plaît et l'âme s'y repose ;
　　　Il devrait avec mon entier
Ne faire jamais qu'une et seule même chose.
Il n'en est pas toujours ainsi, lecteur ami ;
On le confond alors avec son ennemi,
Un ennemi mortel, maudit de Dieu, des hommes,
L'auteur de tous nos maux, malheureux que nous sommes.
— Mon dernier, vous et moi, le voyons tous les jours,
Le manant au village, et le bourgeois en ville ;
Est-on prince, ou seigneur, la chose est moins facile,
Bien qu'elle se rencontre au sein des grandes Cours.
Mais pour les souverains l'occasion est rare,
Et Dieu ne voit jamais (la chose est fort bizarre),
Dans l'univers ou bien la société des saints,
Ce que voit chaque jour le moindre des humains.

LXIII

Mon premier, mon dernier, ont mémo-consonnance,
Mais non pas même genre et même désinence :
L'un clot votre domaine et supporte vos toits ;

L'autre à l'état sauvage abonde dans les bois.
Mon tout peut convenir aux ruisseaux, à la brise ;
Mais à l'homme jamais ce n'est chose permise :
S'y livrer, c'est blesser la douce charité,
  C'est prouver peu d'humilité,
  C'est outrager la Providence
Qui fait bien toute chose ; et d'ailleurs, la souffrance
Est la route qui mène à l'éternel bonheur ;
La fuir, c'est méconnaître une insigne faveur,
  C'est renoncer au plus noble héritage,
Au prix qui du vainqueur doit être le partage !

LXIV

  Petit entre les végétaux,
  Mon premier est bien peu de chose ;
  Mais, plus que la perle ou la rose,
  Il plaît à certains animaux.
  Mon dernier est une puissance
  Qu'on n'aborde pas sans terreur,
  Mais dont par adresse et vaillance
  Un héros sut être vainqueur.
  Quant à mon entier, on l'encense :
  C'est la divinité du jour ;
  A plusieurs il tient lieu d'amour,
  De talents et de conscience.
  Il est stérile cependant
  Pour le bonheur, même en ce monde,
  A moins que de son souffle ardent
  La charité ne le féconde.

LXV

Mon premier est un dieu très connu dans la fable ;
Mon dernier dans Achille était seul vulnérable ;
Chez la femme c'est là que visait le serpent
Que Marie écrasa par un effort puissant.
Mon tout, inusité, dédaigné chez nos pères,
Est vu de notre temps par des yeux moins sévères ;

Des révolutions ce seul bien résulté,
Devient aux *sans-culotte* une nécessité.

LXVI

S'agit-il de franchir ou torrent ou rivière,
    A défaut de pont ou bateau,
On cherche mon premier afin de passer l'eau,
    Et parfois une armée entière
    Lui doit d'échapper au tombeau.
Mon dernier, usité dans l'Eglise de Rome,
Du culte extérieur transmet l'antiquité,
  Et mon entier devient l'abri d'un homme
    Veillant pour notre sûreté.

LXVII

De tous les instruments à l'homme nécessaires
Celui qui l'est le plus est certes mon premier.
— Des gens obséquieux, et rarement sincères,
    Ne répondront pas mon dernier,
Craignant de se montrer à votre avis contraires.
— Reliant ces deux parts, un tout petit pronom
    Entre elles fait voir mon second.
    — Tout réuni forme le nom
Qui distingue une femme à coup sûr éminente,
Belle, sage, pieuse, aimable et bienfaisante;
Sans intrigue, n'ayant que sa vertu pour dot,
Et la main d'un infirme, ou le couvent, pour lot;
    D'une misère peu commune
On la vit s'élever à plus haute fortune
Que nul conte de fée en ait jamais fait voir,
Ou qu'un rêve orgueilleux l'eût osé concevoir.
Mais l'éclat des grandeurs ne troubla point sa tête:
A la cour préférant une douce retraite,
Elle portait sa chaîne en esprit de devoir,
Et plaçait dans le ciel son plus solide espoir.
Exemple à méditer : « Croyez-moi, disait-elle,
Car j'ai goûté de tout, tout expérimenté,

Fortune, honneurs, plaisirs... la vertu seule est belle ;
Hors aimer, servir Dieu, tout n'est que vanité. »

LXVIII

Ange ou démon, fée indienne,
Bienfaisante parfois, et parfois inhumaine,
Favorisant la haine, ou protégeant l'amour,
Mon premier se fait craindre ou chérir tour à tour.
— De mon dernier on dit, cher lecteur, qu'il peint l'homme.
— On admire mon tout à Saint-Pierre de Rome ;
Athènes nous le montre ornant le Parthénon ;
A Paris on le voit, au Louvre, au Panthéon,
A la Bourse, à la Madeleine...
Tu peux, d'après cela, me deviner sans peine.

LXIX

Mon premier sert beaucoup, soit qu'on ferme ou qu'on ouvre,
Au village aussi bien qu'au Louvre ;
Nous préservant du froid, du vent et des voleurs,
Aux regards indiscrets voilant plaisirs et pleurs.
Mon second, plus léger, multiplié sans nombre,
Dans la chaude saison nous prodigue son ombre ;
Ornement de la terre et charme de nos yeux,
Il abrite les fruits, les oiseaux et les jeux ;
Ou, sous une autre forme, il occupe nos veilles,
Nous apprend du dehors les lointaines merveilles,
Les luttes des Etats, débats intérieurs....
Répand des vérités, trop souvent des erreurs !
Mon entier, quelquefois, renferme la fortune ;
Ou des secrets, soustraits à la foule importune :
Avec soin garde-le... mais si celui d'autrui
Se trouve en ton chemin, bien vite rends-le-lui !

LXX

Mon premier à la poste est un travail utile
Auquel sont attachés des essaims de commis ;

Par leurs soins nous pouvons jusqu'aux lointains pays
Donner à la pensée un essor bien facile.
— Jadis de mon dernier, aveugle et vaste empire,
On ne franchissait pas impunément le seuil ;
Nos armes ont, depuis, abaissé son orgueil :
L'apôtre y trouve encor toutefois le martyre.
 — Méfiez-vous de mon entier,
 Imperceptible parasite,
Qui dans les chairs du porc aime à fixer son gîte :
 Craignez d'en être l'héritier !

LXXI

 En dépit de la lune rousse,
Mon premier, de retour, nous réjouit le cœur :
 L'oiseau chante, la fleur repousse,
 L'atmosphère a plus de douceur.
Fillettes, mon dernier vous tient lieu de couronnes
Et borde en même temps le bas de vos jupons.
— Enfin, de mon entier, chères jeunes personnes,
Ecoutez et surtout pratiquez les leçons.

LXXII

Mon premier, par son cœur et son intelligence,
Entre les animaux se place au meilleur rang.
— Mon dernier joue un rôle en notre subsistance ;
Il est bon d'en avoir un soin persévérant.
Son absence prélude à notre fin prochaine :
Alors que se détache un anneau de la chaîne,
 Le reste suit fatalement ;
Et l'on meurt en détail avant l'événement.
 — Mon entier, une herbe féconde,
 Qui dans les champs partout abonde,
 Contrariant l'agriculteur,
 Est très utile en médecine ;
 Car tout sert dans la main divine :
Chaque chose a sa place au plan du Créateur.

LXXIII

Parmi les enfants d'Israël,
Mon premier est un jour entre tous solennel ;
Il l'est bien plus encor dans notre loi chrétienne
Où la nouvelle fête a surpassé l'ancienne :
L'une était la figure ; et l'autre, comme un fruit
Succédant à la fleur, la remplace aujourd'hui.
— Mon dernier, joint au pied, rend ce membre difforme ;
Parfois l'orthopédie avec art le transforme.
— Mon entier, sillonnant les mers,
Etablit des rapports entre peuples divers,
Non seulement transportant leurs messages,
Mais les voyageurs même, aux plus lointains rivages.

LXXIV

Je suis une petite graine
Dont se nourrit l'oiseau ; je porte dans mon sein
Une plante à venir, inférieure au lin,
Dont se revêt le pauvre, à défaut de la laine.
— Si vous me partagez, aussitôt mon premier
Devient un arbre immense ; on voit alors l'entier
Etre moins grand que la partie :
On peut le soutenir sans dire une ineptie.
— Quant à mon dernier, c'est un clou
Qui pénètre en tournant et se fixe en un trou.

LXXV

Entre biens matériels de tous le plus solide,
On en doit convenir, lecteur, c'est mon premier ;
— Et, quoique mon second soit souvent homicide,
Pour ranimer la vie on le voit employer.
— Mon dernier de Cadmus nous rappelle une fille,
Et les malheurs soufferts par elle et sa famille :
Ne pleurez pas sur elle, ô cœurs trop généreux,
Ces étranges récits sont du temps fabuleux !

— Mon entier des Français rappelle une victoire,
De nos armes, hélas ! dernier titre de gloire.

LXXVI

Si je commence par la fin ,
Lecteur, ce n'est pas sans dessein :
Cette fin vous rappelle une vierge d'Alsace ,
Noble par la naissance et sainte par la grâce ;
Des vertus , des faveurs qui l'y faisaient bénir
On garde en ce pays le pieux souvenir.
— Mais quant à mon entier, il a pour accessoire
Mon premier , qui garnit sa terrible mâchoire ;
Monstre amphibie, errant sur les rives du Nil,
Redoutez-en l'abord ; il n'est pas sans péril.

LXXVII

Mon premier, émaillé de fleurs et de verdure,
Rafraîchit nos regards et nourrit nos troupeaux.
— Quelquefois, mon dernier, dans mainte procédure,
Facilite un accord entre deux camps rivaux.
Si ton cœur généreux risque cette aventure ,
Que du moins mon entier assure ton repos !

LXXVIII

Respectables lecteurs , voyez dans mon premier
De votre fils l'aimable et jeune femme :
C'est grâce à votre aveu qu'un beau jour mon dernier
A l'aide d'un seul mot en a fait une dame.
De mon tout, sombre mois, ramenant les frimas,
Sortit un souverain, l'idole des soldats ;
D'un pouvoir usurpé l'abus causa sa chute,
Mais du moins son génie avait quelque grandeur.
En le parodiant, un autre usurpateur
Finit par une ignoble et honteuse culbute.

LXXIX

Rien de méprisable
Comme mon premier,
Rien de vénérable
Comme mon dernier ;
En s'exerçant à mon tout, l'écolier
Se rend capable
De conquérir le rang de bachelier.

LXXX

Mon premier domine
Les forêts et les monts :
A nos regards ces horizons
Parlent une langue divine.
Mon dernier nourrit,
Puis nous engloutit.
Mon entier, arme orientale,
A combattu le fier croisé ;
Aux chrétiens elle fut fatale,
Mais aujourd'hui son pouvoir est brisé.

LXXXI

Un peuple est toujours fort quand il est mon premier ;
(On peut en dire autant de la famille) :
Toute société, tout Etat qui vacille,
A cette vérité devrait se rallier.
Vous que le Ciel doua d'une flamme sacrée,
Vous qui dans mon dernier traduisez vos élans,
Soumettez à la foi votre voix inspirée,
Ne profanez pas vos accents !
L'auteur de mon entier et son sublime ouvrage
Offrent un vaste champ où vous pouvez glaner :
Si l'académicien vous refuse un suffrage,
Du ciel l'auguste aréopage
Pour vos nobles efforts saura vous couronner.

LXXXII

Que dirai-je de mon premier,
Sinon que rien n'est plus vulgaire ?
Ce n'est pas un trésor que l'on puisse envier,
Mais en être privé, c'est comble de misère.
Je n'en dis rien de plus : c'est avis aux bons cœurs
De soulager de tels malheurs;
Le sacrifice est bien facile;
C'est semer en terre fertile
Pour recueillir en sa saison
Abondante et riche moisson.
Mon dernier est une souillure :
Que le Ciel en préserve, ô jeune fille pure,
Votre âme et votre vêtement !
Pour plus de sûreté, veillez-y constamment.
Mon entier, sous vos doigts, mesdames,
Formant des méandres, des fleurs,
Ajoute un ornement aux costumes de femmes,
— Et parfois aux vôtres, messieurs.

LXXXIII

D'un diamètre égal à sa hauteur,
Mon premier a la forme ronde,
Qu'il soit la machine du monde
Ou bien l'instrument du joueur.
— Pour mon dernier, on le dépose
Entre les mains du percepteur.
— Dans le souffle libre-penseur
De mon entier cherchez la cause.

LXXXIV

Après un sérieux labeur,
Mon tout, vêtement plein d'ampleur,
Cher lecteur, vous met plus à l'aise,
Quand, le cigare en main, dans votre cabinet,
Les pantoufles aux pieds, posés sur un chenet,

Vous rêvez, contemplant la braise.
Mon premier, à ce vêtement,
A vos meubles aussi peut servir d'ornement.
Mon dernier, parsemé d'ajoncs et de bruyères,
    Mais, hélas ! infertile en blé,
    Est par la légende peuplé
    De cent êtres imaginaires :
Courcourils, corrigans, lutins et poulpiquets,
Et la fée, et Merlin, défrayant les caquets
    De la gent bretonne assemblée,
    Pour la filerie ou veillée.

LXXXV

    Mon premier contient dix dizaines,
Comme un des moindres corps de milices romaines.
Mon dernier à Paris, type de sainteté,
Fut de Saint-Martial abbesse, en la Cité,
  Qu'aux premiers temps de notre monarchie
Elle a de ses vertus embaumée, enrichie,
Mon tout tient à la fois de l'homme et du cheval ;
Maurice de Guérin en fit son idéal.

LXXXVI

Nous méprisons fort mon premier :
Cependant il doit nous détruire.
— Si le souffle divin m'inspire
Il fécondera mon dernier.
— Mon tout, plante sacrée et pleine de mystère,
    Des druides couronnait les fronts,
Poursuivant l'art magique, on dit que la sorcière
La cherche au clair de lune et par vaux et par monts.

LXXXVII

D'un oiseau mon premier multipliant l'espèce,
Offre un mets qui suffit à quelque humble liesse ;
En l'arrosant de cidre, ou bien de mon dernier,

L'homme affamé croirait faire un repas princier.
Mon entier, renommé chez les gens de Marseille,
Du monde est à leurs yeux la huitième merveille,
Et quelques-uns, dit-on, parmi les plus vantards
L'exaltent au-dessus de nos grands boulevards.

LXXXVIII

Mon premier conduisait autrefois les armées ;
Il devint pair des rois ; et son titre, aujourd'hui,
Entre les dignités est des plus estimées,
Bien que le privilège en soit évanoui.
Mon dernier, combattant dans la sainte milice,
Pur esprit, est pour l'homme un zélé défenseur ;
Et, dans un corps mortel, il fait le même office,
Sous forme d'une mère, une épouse, une sœur.
Mon entier, historien, fameux par son glossaire,
Est au paléographe un guide nécessaire ;
Grâce à lui, le langage, autrefois usité,
Se dégage pour nous de son obscurité.

LXXXIX

OEuvre de Satan, mon premier nous nuit ;
Dans la main divine en bien il se change :
Pour nous préserver veille le bon ange,
— Dans des détours obscurs mon second nous conduit.
— L'aspect de mon dernier en hiver réjouit.
— Mon entier, un auteur de brillante espérance,
Mourut jeune, la faim abrégeant sa souffrance.
    N'en accusons pas les destins,
    Ni non plus ses contemporains :
Si ses vers sont charmants, peu sage fut sa vie ;
Il en porta la peine, expiant sa folie ;
Un châtiment sévère absout de plus d'un tort ;
    Donnons une larme à son triste sort !

XC

Don du Ciel, mon premier doit réjouir le cœur,
Pourvu que l'on en fasse un raisonnable usage ;
Sur l'autel il se change en un divin breuvage
Partout où du soleil éclate la splendeur.
Mon dernier peut orner une riche coiffure,
Mariant avec art plumes et diamants :
Une fleur convient mieux dans votre chevelure,
    Charmante fille de seize ans.
Comme assaisonnement de quelque viande fade,
Mon entier rend piquant le mets le plus maussade
Ou, c'est un véhicule, autrefois usité,
Circulant humblement dans la vieille cité,
Sans concours de chevaux, de cocher, d'équipage.
Mais la simplicité n'est plus notre partage.

XCI

L'âge de mon premier est loin de l'âge d'or :
La race de Caïn l'établit en ce monde
En le tirant du sein de la terre féconde ;
Présent souvent funeste, et ministre de mort.
— Mon dernier, qualité de chose peu commune,
S'applique à l'amitié, grandeur d'âme, bonheur....
Dons très supérieurs à ceux de la fortune !
Bien pauvre est notre temps de ces trésors du cœur.
    — Célèbre cité d'Italie,
De divers noms fameux mon tout est la patrie ;
L'Arioste et le Tasse en firent leur séjour ;
L'illustre maison d'Este y tint longtemps sa cour.

XCII

    De l'Amérique originaire,
    Je suis une plante vulgaire,
    Grâce au zélé propagateur
Qui de l'humanité devint un bienfaiteur.

De trois mots mon nom se compose :
A l'homme fatal, le premier
Des plus grands malheurs fut la cause.
Bien fou qui prétend le nier !
Le second est un petit signe
Marquant quelque distinction :
C'est bien peu si l'on n'en est digne :
Il impose obligation.
Le dernier, mère généreuse,
Livre volontiers ses trésors,
Et dans sa mission pieuse
Donne pain aux vivants, dernier asile aux morts.

XCIII

Mon premier, né Germain, jadis fut un guerrier,
De ceux portant la hâche et vêtus de la saie :
Ils donnaient à leurs rois pour trône un bouclier.
— Aujourd'hui, sous ce nom circule une monnaie.
— Mon second, non loin de Paris,
Baignant et campagnes et villes,
Arrose des plaines fertiles,
Lieux que chérissait saint Louis.
— Qu'un petit signe vienne adoucir la rudesse
De mon barbare et dur guerrier,
Alors de mes deux parts vous faites mon entier,
Nom de plus d'une sainte, et de mainte princesse.

XCIV

Un patriarche fort ancien,
Ainsi qu'Adam père du genre humain,
Est mon premier; sa famille féconde
Après un cataclysme a repeuplé le monde.
— Mon dernier, blanche ou noire, ou bien croche, offre un
Lequel en ut mineur baisse d'un demi-ton. [son,
— Nom qui veut dire *belle* en la langue hébraïque,
Mon tout remplit un rôle en l'histoire biblique ;
Mais, hélas ! la beauté n'exclut pas les malheurs,

Et Moab de la veuve a vu couler les pleurs !
Quand Dieu pour les tarir suscita l'étrangère,
Enfant d'adoption qu'envierait toute mère :
Noble cœur filial, par le ciel inspiré,
D'âge en âge toujours et par tous admiré,
Dont la postérité fut une récompense,
Et David et le Christ l'auguste descendance.

XCV

Avec plaisir, dans les bois, dans la plaine,
J'entends résonner mon premier,
Bien qu'utile et salubre on trouve mon dernier,
J'aime moins en sentir l'odeur dans ton haleine
Qu'en d'éclatants bijoux admirer mon entier.

XCVI

Ma première moitié, symbole d'abondance,
Quoique dure, présente et des fleurs et des fruits,
Les pampres verts, les blonds épis,
Dons bénis de la Providence ;
Mon autre fraction, de la satiété
Rappelle un moins aimable emblème
Et se rencontre au fond d'un breuvage enchanté.
En couronnant mon tout d'un léger diadème,
Un type noble et pur soudain vous apparaît ;
D'une matrone antique il offre la figure :
Deux enfants sont sa gloire et sa seule parure ;
Vous la reconnaissez, lecteurs, rien qu'à ce trait.

SOLUTIONS DES CHARADES

I. — Le mot de la charade est MAISONNETTE (mai sonnette).
II. — Le mot de la charade est BOISSEAU (bois seau).
III — Le mot de la charade est TOURBIÈRE (tour bière).
IV. — Le mot de la charade est ORANGE (or ange).
V. — Le mot de la charade est FINISTÈRE (fini stère).
VI. — Le mot de la charade est ANGLETERRE (angle terre).
VII. — Le mot de la charade est TROUPEAU (trou peau).
VIII. — Le mot de la charade est UTILE (ut île).
IX. — Le mot de la charade est MARIONNETTE (mari on nette).
X. — Le mot de la charade est DOMMAGE (dom mage).
XI. — Le mot de la charade est COUPEROSE (coupe rose).
XII. — Le mot de la charade est MOULIN (mou lin).
XIII. — Le mot de la charade est FERMAGE (fer mage).
XIV. — Le mot de la charade est COLLOQUE (col loque).
XV. — Le mot de la charade est SARABANDE (Sara bande).
XVI. — Le mot de la charade est RAMADAN (Rama dan). — Le Ramadan ou Ramazan est le carême des musulmans.
XVII. — Le mot de la charade est CAPORAL (cap oral).
XVIII. — Le mot de la charade est ABRICOTIER (abri Cotier).
XIX. — Le mot de la charade est ANNAMITE (Anna mite).
XX. — Le mot de la charade est CAPRICORNE (capri corne).
XXI. — Le mot de la charade est CORNEMUSE (corne muse).
XXII. — Le mot de la charade est AMIE (a mie).
XXIII. — Le mot de la charade est CHASSEPOT (chasse pot).
XXIV. — Le mot de la charade est ÉPINARD (épi nard).
XXV. — Le mot de la charade est ASPIC (as pic).
XXVI. — Le mot de la charade est BIENFAIT (bien fait).
XXVII. — Le mot de la charade est CHARPIE (char pie).
XXVIII. — Le mot de la charade est CHOUANS (chou ans).
XXIX. — Le mot de la charade est FIACRE (fi acre).
XXX. — Le mot de la charade est MALADRESSE (mal adresse).
XXXI. — Le mot de la charade est GUIPURE (gui pure).
XXXII. — Le mot de la charade est NUAGE (nu age).
XXXIII. — Le mot de la charade est MIGRAINE (mi graine).
XXXIV. — Le mot de la charade est MARIAGE (mari age).
XXXV. — Le mot de la charade est ANGLAISE (an glaise).
XXXVI. — Le mot de la charade est SOLANGE (sol ange).
XXXVII. — Le mot de la charade est FOURRAGE (four rage).
XXXVIII. — Le mot de la charade est RICHELIEU (riche lieu).
XXXIX. — Le mot de la charade est ORLÉANS (or lé ans).
XL. — Le mot de la charade est MERVEILLE (mer veille).

XLI. — Le mot de la charade est Mercure (mer cure).
XLII. — Le mot de la charade est Gazon (gaz on).
XLIII. — Le mot de la charade est Epicure (épi cure).
XLIV. — Le mot de la charade est départ (dé part).
XLV. — Le mot de la charade est Socrate (soc rate).
XLVI. — Le mot de la charade est annonce (an nonce).
XLVII. — Le mot de la charade est astérisque (Asté risque).
XLVIII. — Le mot de la charade est corporation (cor pô ration).
XLIX. — Le mot de la charade est Agamemnon (Aga Memnon).
L. — Le mot de la charade est secrétaire (secret aire).
LI. — Le mot de la charade est chèvrefeuille (chèvre feuille).
LII. — Le mot de la charade est hallebarde (halle barde).
LIII. — Le mot de la charade est procession (procès Sion).
LIV. — Le mot de la charade est Charlotte (char lotte).
LV. — Le mot de la charade est préface (pré face).
LVI. — Le mot de la charade est Voltaire (vol taire).
LVII. — Le mot de la charade est fardeau (fard eaü).
LVIII. — Le mot de la charade est passion (pas Sion).
LIX. — Le mot de la charade est Pentecôte (pente côte).
LX. — Le mot de la charade est soumission (sou mission).
LXI. — Le mot de la charade est Vincent (vin cent).
LXII. — Le mot de la charade est vraisemblable (vrai semblable, ces deux mots étant pris substantivement).
LXIII. — Le mot de la charade est murmure (mur mûre).
LXIV. — Le mot de la charade est million (mil lion).
LXV. — Le mot de la charade est pantalon (Pan talon).
LXVI. — Le mot de la charade est guérite (gué rite).
LXVII. — Le mot de la charade est Maintenon (main te non).
LXVIII. — Le mot de la charade est péristyle (Péri style).
LXIX. — Le mot de la charade est portefeuille (porte feuille).
LXX. — Le mot de la charade est trichine (tri Chine).
LXXI. — Le mot de la charade est maitresses (mai tresses).
LXXII. — Le mot de la charade est chiendent (chien dent).
LXXIII. — Le mot de la charade est paquebot (pâque bot).
LXXIV. — Le mot de la charade est chènevis (chêne vis).
LXXV. — Le mot de la charade est Solferino (Sol fer Ino).
LXXVI. — Le mot de la charade est crocodile (croc Odile).
LXXVII. — Le mot de la charade est précaution (pré caution).
LXXVIII. — Le mot de la charade est brumaire (bru maire).
LXXIX. — Le mot de la charade est version (ver Sion).
LXXX. — Le mot de la charade est cimeterre (cime terre).
LXXXI. — Le mot de la charade est univers (uni vers).
LXXXII. — Le mot de la charade est soutache (sou tache).
LXXXIII. — Le mot de la charade est bouleversement (boule versement).
LXXXIV. — Le mot de la charade est houppelande (houppe lande).

LXXXV. — Le mot de la charade est CENTAURE (cent aure).
LXXXVI. — Le mot de la charade est VERVEINE (ver veine).
LXXXVII. — Le mot de la charade est CANEBIÈRE (cane bière).
LXXXVIII. — Le mot de la charade est DUCANGE (duc ange).
LXXXIX. — Le mot de la charade est MALFILATRE (mal fil âtre).
XC. — Le mot de la charade est VINAIGRETTE (vin aigrette).
XCI. — Le mot de la charade est FERRARE (fer rare).
XCII. — Le mot de la charade est POMME DE TERRE.
XCIII. — Le mot de la charade est FRANÇOISE (Franc Oise).
XCIV. — Le mot de la charade est NOÉMI (Noé mi).
XCV. — Le mot de la charade est CORAIL (cor ail).
XCVI. — Le mot de la charade est CORNÉLIE (corne lie).

III

Logogriphes (1).

I

Je suis un être fabuleux,
Le premier, de l'énigme ayant donné le type,
Qui dans ce jeu d'esprit — le roi de tous les jeux —
    Me laissai vaincre par OEdipe.
    Comptez mes membres, j'en ai six;
    Je tiens de l'homme et de la bête;
    Contre un cœur échangez ma tête :
    En moi vous trouvez le phénix.

II

Sur mes cinq pieds je suis un des noms de Marie,
    C'est par moi qu'elle ouvre le ciel;
— Mais transposez en deux : de toute imprimerie
    Je deviens l'agent essentiel.
— Sur quatre, je puis être un superflu, nuisible
    Plus que disette et pauvreté,
Mais dont sait faire usage un cœur bon et sensible
    Au profit de la charité.
— Je puis offrir l'abri que sans cesse désire
    Celui qui lutte avec les flots,
— Ou, c'est par mon moyen que l'animal transpire
Et qu'un fluide actif nourrit les végétaux..
— Sur trois pieds, je contiens aussi ta nourriture,

(1) Le mot de chaque logogriphe se trouve page 119.

Soit que, vase grossier, je couve sur ton feu,
— Soit qu'au second service occupant le milieu,
J'offre à tes commensaux succulente pâture.
— Que veux-tu donc de plus ?... De Rome un tribunal?
— Un utile et pourtant bien dangereux métal?
— En es-tu dépourvu ? je t'en ferai l'avance
Et je l'échangerai pour ta reconnaissance.

III

Avec sept pieds j'ai triple tête,
Triple gueule et six rangs
De dents.
A ma manière j'interprète
Les volontés de chefs bien moins que moi tyrans.
Si je suis redoutable au crime,
Je ne sais distinguer le mal d'avec le bien;
Et dans mon sein, enfin, je renferme l'abîme
Dont on m'avait jadis établi le gardien.
Si depuis bien longtemps j'ai changé de figure,
Néanmoins je n'ai pas abdiqué ma nature :
Aux portes des palais, des hôtels, des châteaux,
De certaines maisons et de certains bureaux,
Trop souvent j'exagère l'ordre
Qui m'est donné d'écarter ou de mordre.
Mais je n'ai rien à faire à la porte du ciel,
Dont le mérite seul rend l'abord accessible.
On dit que l'offre d'un gâteau de miel
Sut jadis me trouver sensible ;
Mais aujourd'hui, plus exigeant,
Je n'ai d'égards que pour l'or et l'argent.
Aux seuils de Bethléem j'eus d'augustes victimes :
Joseph et Marie et Jésus,
Qu'en aveugle je pris pour personnes infimes.
Bien d'autres après eux, objets de mes rebuts,
Partageant leur calice et leur ignominie,
Pourront se consoler en telle compagnie !

IV

Je fus jadis fort maltraité
Par un célèbre auteur : c'est méchanceté pure,
Car mon art a la faculté
De soulager les maux de l'humaine nature ;
Et j'ai le merveilleux talent
De tirer des poisons un parti bienfaisant.
Si je ne guéris pas, je n'en suis point comptable,
D'ordres supérieurs n'étant que l'instrument
Et l'interprète intelligent,
Comme un ministre irresponsable.
En réformant mon nom, j'ai cru monter plus haut
Sur notre sociale échelle ;
Mon titre ancien pourtant mieux vaut
Et me fait la part bien plus belle :
— Avec ce nom, en guérissant le corps
On peut aussi sauver les âmes,
Aux cœurs pervers inspirer le remords
Et ranimer des bons les saintes flammes ;
Car voyez-vous, ingrats lecteurs,
Nous qui si bien soignons les vôtres,
Si vous nous arrachez nos entrailles, nos cœurs,
Vous nous transformez en apôtres.
Tels sont, loin d'en être amoindris,
Les saints martyrs que l'on mutile :
Des bourreaux la rage inutile
Au contraire les a grandis.

V

Avec tête, on me parle, on me lit, on me chante ;
Sans tête, on me respire, on m'admire, on me vante.
— Dans mon sein je recèle un précieux métal,
— La charpente de l'homme et de maint animal ;
— Par moi, sur quatre pieds, l'épiderme transpire ;
— Je suis hygiénique, enfin, c'est assez dire,
Car j'offre en ma substance un remède à tous maux :
En me bouleversant, on trouve le repos.

VI

Je suis, mon cher lecteur, une ville d'Afrique,
Ou, si tu l'aimes mieux, un produit stéarique :
Je répands la lumière, on me trouve en tout lieu,
Dans les palais des grands, dans la maison de Dieu.
— Mais, rien qu'un pied de moins, je suis obscur, fétide,
J'abrite vice infâme et désordre sordide ;
— Retranche encor ; la fange elle-même est mon nom,
Et nous sommes pétris, pourtant, de ce limon,
Et c'est là qu'aboutit de notre orgueil le rêve !...
— Un seul pied échangé, soudain je me relève :
Car je deviens le sens qui nous transmet la foi
Et les enseignements de la divine loi ;
— Enfin, un petit mot qui pour jamais nous lie,
Indissoluble nœud que mort seule délie,
Redoutable serment qu'il ne faut point hâter ;
A faire il faut le craindre, et fait, le respecter.

VII

Je plie et ne romps pas sous l'effort de l'orage,
Et près de ma moitié je demeure humble et sage.
Je suis vert, point fleuri, mais je porte en mon sein
Cette reine des fleurs qui ne vit qu'un matin.
Je puis offrir d'ailleurs des présents plus durables :
— Mettons au premier rang cette compagne aimable
Qu'enfant, homme, vieillard, tu retrouves toujours,
Ou veillant sur tes pas, ou consolant tes jours.
— Aimes-tu la richesse ? on peut te satisfaire :
Je contiens ce métal dont le sein de la terre
Est avare et qui trompe un désir incessant.
— J'ai de quoi contenter ton gardien caressant ;
— A ton service aussi, le rustique ustensile
Qui sert à puiser l'eau, dans les champs, à la ville.
— On rencontre chez moi certain glouton hébreu,
— Puis un chef de tribu, de ce dernier neveu ;
— Une mesure agraire ; — un nerf du véhicule ;

— La voie où le piéton, ainsi que lui, circule;
— Un vorace animal; — la constellation
Que cherchent vos regards vers le septentrion;
— Certain art prouvant plus d'esprit que de droiture,
Piège où parfois se prend l'auteur de l'imposture.
— Lecteur, je t'offre enfin un bien chétif avoir,
Dont l'absence souvent réduit au désespoir.

VIII

 Dans vos maisons et dans le temple
  J'ai ma mission ici-bas :
Pour Dieu je me consume, offrant un grand exemple;
Je préside au travail et j'éclaire vos pas.
Le Sauveur de moi parle en mainte parabole :
  Vierge sage ou bien vierge folle
  Me traitent tout différemment;
Et d'un cœur vigilant mystérieux symbole,
Je rends sans cesse hommage au très saint Sacrement.
 — Si je me brise et décompose,
 Il ne faut pas de moi désespérer;
  Une heureuse métamorphose,
Rassemblant mes débris, va les transfigurer,
Car dans la main des saints je deviens immortelle.
— Je suis prédestinée à la gloire éternelle;
— Ou bien, glaive acéré, parfois à deux tranchants,
D'un salutaire effroi je frappe les méchants.

IX

Favorable au salut, ainsi qu'à l'hygiène,
Je suis peu sympathique à la mollesse humaine :
Je vis quarante jours dans le monde, et huit mois
Chez les fils de Thérèse et de Jean de la Croix.
— Entr'eux et moi rien plus qu'un pied de différence,
Et nous vivons du reste en bonne intelligence.
— Je leur offre d'ailleurs plusieurs mets excellents,
Trésors tirés du sein des vastes océans
(Et venant à propos, suivant le vieil adage)....

— Ce qui sert à former le beurre, le fromage...
Les bons Pères ainsi vivent bien et longtemps.
— Otez leur chef, alors, terribles instruments,
Ils servent tour à tour à frapper, à défendre,
— Ou dirigent l'esquif qui vers le port doit tendre.
— En moi l'on trouve encore un illustre écrivain,
De Pierre compagnon, du Christ historien ;
— Ce qui, sans plaire au goût, au cœur est salutaire ;
— Ce qui marque les temps, — une mesure agraire ;
— Ou, sur trois pieds encore, il ne me reste rien
De la matière : au ciel est ma place et mon bien.
— A d'autres points de vue on trouve en mon domaine
L'élément du canard, — celui de la baleine,
— Enfin le nom si cher à tout enfant bien né :
A la reine des cieux nos cœurs l'ont décerné.

X

Cherchant mainte riche conquête,
  Sur les mers je suis redouté ;
Mais je présente, en supprimant ma tête,
  Le comble de la sainteté :
  Je dis les gloires de Marie,
Et le concours de la Vierge bénie
  Au salut de l'humanité.

XI

Avec mon cœur, cher lecteur, je frissonne ;
Vieillard, j'ai le front ceint d'une blanche couronne ;
J'offre quelques plaisirs, j'allume bien des feux....
Mais je suis redouté, surtout des malheureux ;
Mon retour, chaque fois, leur promet la souffrance.
  Je ne souris qu'à l'opulence ;
Pour le pauvre je suis sombre, dur et glacé.
— Et pourtant en mon sein je recèle la vie !
— Mais sans mon cœur, je suis tout de bon trépassé,
Et de me rendre au jour, lecteur, je te défie.

XII

Sur onze pieds je suis une officine
Où l'art de la chimie et de la médecine
Prépare des produits destinés à guérir.
Reste à trouver encor celui qui de mourir
    Exemptera la race humaine,
Et qui de ses longs jours saura dorer la chaîne !
Sur huit pieds je deviens un asile où le cœur
    Se retrempe dans la prière :
Heureuse la maison où la part du Seigneur,
Comme à l'hôte divin, est faite la première !
Bienheureux le logis où réside Jésus,
    Jésus présent dans l'humble hostie !
Antidote et trésor, ô sainte Eucharistie,
Quand tes bienfaits de tous seront-ils mieux connus !

XIII

Divinité sinistre, à la mort je préside ;
D'un coup de mes ciseaux de ton sort je décide.
On dit que je suis sourde aux cris de la douleur ;
Mais l'on m'accuse à tort de n'avoir point de cœur.
— Il est vrai qu'il est dur ; retranchez-le donc vite :
Comme tout change alors ; soudain tout ressuscite,
La nature et le Christ, les âmes et les fleurs ;
Le chant d'*Alleluia* doit succéder aux pleurs ;
La terre est dans la joie et le ciel est en fête,
Et la croix à la mort a ravi sa conquête.

XIV

Source de tous les maux, je perdis l'ange et l'homme,
Et, père du mensonge en tous lieux l'on me nomme ;
Je me glisse partout, même dans la vertu :
N'est-ce pas assez dire et me reconnais-tu ?...
— Mais croirait-on qu'en moi se trouve aussi la gloire ?
Ce noble but qui tente et mène à la victoire !
Victoire sur soi-même et sur la passion :
Voilà l'honneur réel ; l'autre usurpe ce nom.

— Après cela je t'offre un fleuve aux bords fertiles,
Baignant de la Touraine et campagnes et villes ;
— Un animal rongeur, fléau de nos jardins,
Se reposant l'hiver de ses nombreux larcins ;
— Le sonore instrument qui, dans nos cathédrales,
A la prière unit les pompes musicales ;
— Victime de David, un époux malheureux ;
— Ce que prend le gamin pour scène de ses jeux ;
— Un être fantastique, effroi de notre enfance ;
— Une graine commune, — une cité de France ;
— On trouve encore en moi de quoi former un roi,
— Et celui qui ne veut ni roi, ni foi, ni loi.
— La loi, je la contiens ; — puis un oiseau rustique ;
— Un autre, faisant guerre à la gent aquatique ;
— L'organe délicat qui te montre le jour,
Miroir où se reflète et la haine et l'amour ;
— D'un célèbre martyr l'instrument de supplice
Auquel l'Escurial emprunta son esquisse ;
— Ce qui se trouve au fond d'un breuvage trompeur,
Vin grossier, ou plaisir à l'appât séducteur ;
— Un métal dangereux, mais que cherche la foule ;
Ce qui dans la poussière ou dans la fange roule ;
— Mais ne dis pas de moi que je n'ai feu ni lieu :
L'un des deux m'appartient, mais ce n'est pas le feu.

XV

Avec huit pieds je suis un effronté gamin ;
    Sur sept, un être sous-marin ;
— Sur six, une substance invisible et mortelle
Que souvent un objet trop séduisant recèle ;
— Sur cinq, des basses-cours je deviens habitant ;
    — Sur quatre, un mets appétissant ;
    — Sur trois, le bruit qui frappe mes oreilles
Quand la nature et l'art font assaut de merveilles ;
— Sur deux, petit pronom répété bien souvent,
    J'endosse mainte médisance,
    Et sous ce masque, impunément,
Chacun incognito parle avec assurance.

XVI

En tous logis je suis d'un très utile usage ;.
Je sers encore aux pompes de l'autel.
Au Créateur rendant hommage,
Ma flamme monte vers le ciel ;
Comme l'auguste Eucharistie,
Sans s'épuiser elle se multiplie ;
Pour les absents elle supplie
La sainte Vierge ou saint Joseph....
La nuit n'est plus obscure aussitôt que je brille.
— Je perds tout en perdant mon chef :
Je ne suis plus alors qu'une guenille.

XVII

Quoique foulée aux pieds, faible, microscopique,
De l'arbre et de ses fruits je suis le germe unique ;
— Bien plus, on trouve en moi l'être consolateur
Qui veille sur tes pas en inspirant ton cœur ;
— Ce qui, sauf la vertu, l'esprit et la science,
Distinguera toujours les familles en France ;
— D'un pays opprimé le poétique nom ;
— Certaine cité russe, au port fort en renom ;
— Un quadrupède enfin dont le service utile
Est payé de mépris aux champs comme à la ville
(C'est là le lot des bons). Mais quel insigne honneur
De servir comme lui de monture au Seigneur !

XVIII

Sans tête, des Etats romains je fus la porte ;
— Avec tête, c'est plus encor : j'ouvre le ciel,
Et chaque jour, sur terre en descendant, j'apporte
Le pardon, des bienfaits, un amour immortel.
Bienheureux le toit qui m'abrite !
Heureux surtout le cœur qui reçoit ma visite !
Car ils reçoivent le salut ;
Et bien vain est celui qui cherche un autre but !

— Mais si, perdant deux pieds, je demande une aumône,
Sous autre forme encor c'est Dieu même en personne
Qui vient s'offrir à vous : faites-lui bon accueil,
Et du palais divin vous franchirez le seuil.

XIX

Je suis un chevalier de nos temps héroïques,
　A Dieu fidèle et fidèle à son roi,
D'une dame portant les couleurs symboliques;
　On me dépeint montant un palefroi,
Et tout bardé de fer avec casque ou salade.
— Mais coiffez-moi d'un lé d'étoffe, on me dégrade :
D'un mal contagieux je me vois affecté
Et pour jamais banni de la société.
Xavier de Maistre a peint mes douleurs, mes tristesses;
Mais la religion a pour moi des tendresses,
Des soins, une espérance au delà du tombeau :
Le Christ m'est comparé quand, tombant par lambeau,
Sa chair n'est qu'une plaie; à lui je suis conforme,
Et j'attends que la mort avec lui me transforme.

XX

Masculin, je suis grec et de nom et de cœur,
　　Je tiens de l'homme et de la bête;
De l'Inde, avec Bacchus, j'aurais fait la conquête...
　　(Temps fabuleux, bien entendu, lecteur).
　　— Si vous modifiez mon cœur,
　　Je suis loin de perdre en valeur :
　　Soudain je change d'origine,
　　Et de grec je deviens latine.
Je florissais sous le premier César,
Comme la Vérité j'étais libre et sans fard ;
　　Puis, naturalisée en France,
　　Je me donnai même licence,
　　Quoique avec un ton plus discret,
　　Mais non pas avec moins de trait :
　　Frondant la sottise et le vice,

A la morale, aux arts, je rends plus d'un service ;
Et, par le ridicule attaquant les travers,
Je démasque le fourbe et flétris les pervers.

XXI

Sur mes neuf pieds, téméraire mortel,
J'empiétai sur les droits du Souverain du ciel,
Et voulant l'égaler dans mon orgueil impie,
Image de Satan, ainsi que lui j'expie
    Mon crime et ma folie.
— Deux pieds de moins, je suis un dieu compatissant,
Déchargeant pour moitié, de ce fardeau pesant
    Que l'on nomme la vie,
L'humanité que berce un songe décevant ;
— Et sur six pieds, avec les accords de ma lyre,
    Chantant mes amours, mes regrets,
Je charme, j'amollis, j'apprivoise et j'attire
Les arbres, les rochers, les hôtes des forêts ;
— Avec six pieds encor, de forme fugitive,
    Serpent, lion, torrent ou flamme active,
J'échappe à tous efforts faits pour me retenir,
Jusqu'à ce que, vaincu, j'annonce l'avenir.
— Sur cinq pieds, péninsule en grands hommes féconde,
Sous un nom plus ancien je fus reine du monde ;
— Et sur quatre, fixant bons, faibles ou mauvais,
Tel je vous trouve et tel vous restez à jamais.

XXII

Hôte d'un lieu sauvage ou d'une basse-cour,
  Je sors d'un œuf, oiseau de ma nature ;
  Ou d'un cerveau, comme Athénée, un jour,
Je suis éclos et sers aux badauds de pâture ;
En moi le sage voit un objet de pitié....
— Mais si vous retournez mon arrière moitié,
De la marche du temps interprète inflexible,
Je l'indique à vos yeux et vous la rends sensible.

XXIII

Dans tes membres glacés je sais avec mon cœur
    Ramener la douce chaleur ;
  — Ote mon cœur, je ne suis plus que glace ;
Mon étoile pourtant scintille dans l'espace.
— Ma tête est un beau fleuve, arrosant le Piémont;
— Ma queue est un article, et quelquefois pronom.
— En me décomposant, un saint de la Bretagne
T'apparaît tout d'abord, ainsi qu'un nom d'Espagne ;
— Un romancier anglais ; — puis ce roi des autans,
Troublant et l'onde et l'air et sables et volcans,
Jusqu'à ce qu'Aquilon, faisant place à Zéphyre,
Laisse naître les fleurs sous son tendre sourire.

XXIV

Bien que je ne sois pas la lumineuse étoile
Guidant au sein des mers le marin égaré,
A travers les écueils je dirige une voile
Vers le port où l'attend un refuge assuré.
— Des mêmes éléments qui forment ma lumière,
Du barde vous pouvez faire aussi l'instrument ;
Et du prophète-roi j'inspirai la prière,
Ou d'Israël captif j'accompagnai le chant.

XXV

    Avec cinq pieds je suis légume,
  Très populaire et d'usage commun.
  On ne dit pas de moi que je parfume,
Mais j'offre un condiment souvent fort opportun.
    Avec regret l'Israélite,
Oubliant qu'en Egypte il avait tant souffert,
Se rappelant qu'alors j'emplissais sa marmite,
    Parlait de moi dans le désert.
Parfois de moi sort une fleur d'élite,
    Dont le possesseur est bien fier.
— Si je prends l'r, je deviens une viande

Que plusieurs trouvent très friande.
— Ajoutez-y le *t*, l'on me jette aux pourceaux,
Ou, parmi le fumier, j'engraisse votre enclos.
— Et maintenant, si vous changez ma tête,
Ma métamorphose est complète :
Elle n'est guère heureuse, et, triste compagnon,
Je demeure toujours grognon.

XXVI

Avec cinq pieds j'ai régné sur le monde,
Mais je suis bien déchu par mes déportements ;
Pourtant il reste en moi d'assez bons éléments
Pour ressaisir ma gloire à nulle autre seconde.
— Un pied de moins, me voilà pris,
Malgré bastions et forteresses,
Fanfaronnades et prouesses ;
Mais, grâce au Ciel, point ne péris.
— Puis, sur trois pieds, je sers de cortège à Cypris
Avec les Amours et les Grâces ;
Sans ôter le chagrin j'en déguise les traces....
— Et, sur deux pieds enfin, légendaire cité,
J'offre en mon triste sort une leçon terrible :
Pour châtier un peuple incorrigible
Dieu n'attend pas toujours l'éternité.

XXVII

Je suis la paix de Dieu : par moi l'on prend haleine,
Force et nouvel élan pour la lutte prochaine ;
— Sans mon chef, je deviens un mensonge innocent,
Terrible quelquefois, aimable très souvent ;
— Puis, retranchez encor, des vivants je suis mère ;
— Renversez-moi, je suis la couleur printanière.
— Mais sur trois pieds, je rampe, objet de vos mépris,
J'ai des droits sur le corps... soit l'âme en paradis !...

XXVIII

Sur quatre pieds sans être bête,
Je suis ce que chacun sur un autre rejette ;
— Mais je suis de tous recherché
(Et non pas toujours sans péché)
En perdant queue et tête.

XXIX

Dès le matin quand sonne l'*Angelus*,
Comme à l'appel divin secouant la paresse,
Sur mes cinq pieds, bien vite, un bon chrétien se dresse,
Invoquant et Joseph et Marie et Jésus.
— Sans rien changer à ma nature
En transposant ces mêmes pieds,
Fruit d'une conscience pure
Et d'une vie active et dure,
Je suis le seul trésor des pauvres ouvriers ;
Trésor qui rarement du riche est le partage
Et qu'après la vertu surtout estime un sage.
— Je suis sous autre forme un cercle de vieillards,
Vénérables et point bavards,
Appuis et juges d'un empire ;
Inamovibles, mais pourtant
Rien qu'un chef de changé les réduit à néant,
Bien que personne ne conspire.

XXX

Comme le sycomore auquel l'humble Zachée
Se suspendit, cherchant, dans la foule cachée,
La personne adorable, aux traits divins et doux,
Qui lui dit : *Descendez, je m'arrête chez vous !*
Lorsque sort le Sauveur dans un pompeux cortège,
De l'attirer à moi j'ai l'heureux privilège.
Plus obscur, quelquefois, dans un pauvre réduit,
Auprès d'un moribond on me dresse sans bruit,
Et je deviens alors une table sacrée,

De prières, de pleurs, d'espérance entourée.
Parfois le Viatique, aliment éternel,
Offre au corps défaillant un secours temporel....
— Mais je suis éphémère et je me décompose :
Du sublime Thomas résonne en moi la prose ;
— En moi le saint repos et le pieux espoir ;
— Je promets d'un beau jour le plus paisible soir ;
— Chez moi brille la rose aux odeurs enivrantes,
— Et l'étoffe de pourpre aux couleurs éclatantes ;
— L'or pur ; — enfin, le nom d'un grand Pontife-roi
Couronne l'édifice et règle notre foi.

XXXI

Je suis pour la famille une seconde mère,
Du bon ange elle voit en moi l'auxiliaire ;
Mon rôle est volontaire et tout de dévouement,
Et j'ai droit au respect, à l'amour confiant ;
— Mais si je mets mon cœur en place de ma tête,
Je change de nature et l'on me foule aux pieds :
Je sers de couche au pauvre et sur moi tu t'assieds ;
Je suis le gagne-pain de l'humble anachorète ;
— Cependant un volcan fermente dans mon sein,
Menaçant les cités et les plaines fertiles :
C'est ainsi que de Dieu se fait sentir la main
Pour forcer au devoir les peuples indociles.

XXXII

Sur sept cordes je parle une langue divine,
— Une de moins je suis d'un roman l'héroïne ;
— Avec cinq, je deviens odieuse aux chrétiens ;
— Sur quatre un nom illustre aux temps mérovingiens ;
— Sur trois, règle sacrée, on me doit déférence,
Que j'émane du ciel ou d'un pouvoir humain :
Saint Paul dit que de Dieu provient toute puissance ;
  Rendez-moi donc entière obéissance !

XXXIII

Avec ma tête au firmament je brille,
    Et sans ma tête je t'habille ;
— Sans mon cœur je deviens un vêtement sacré ;
    — Sans cœur ni tête un fer ouvré.
— En me décomposant on trouve d'autres choses :
Un pays baigné d'eaux ; — la couche où tu reposes ;
— L'esclave que dans Sparte on traitait durement ;
— Ce qu'à tort tu poursuis, et toujours vainement ;
— Ce qui force au devoir par un frein salutaire ;
— Le dépôt que le vin laisse au fond de ton verre ;
— L'évêque, saint patron des métiers martelants ;
— Le dieu qui, dans la fable, a l'empire des vents ;
— L'oiseau qui, des Gaulois, sauva le Capitole,
Et qui, dès lors sacré, dans Rome joue un rôle ;
— Une vache qui fut chère au maître des dieux,
Par Junon poursuivie et soustraite à ses yeux ;
— Un prophète célèbre ; — un poisson fort utile ;
— Ce qu'avec un goût sûr on choisit entre mille,
Qu'il s'agisse d'amis, livres ou serviteurs,
Aussi bien que guerriers, médecins, professeurs....
— Et puis un petit mot, doux au cœur, à l'oreille :
Je te l'adresse, ami, mais rends-moi la pareille.

XXXIV

Malgré qu'à ta personne une chaîne me lie,
Passer en d'autres mains est quelquefois mon sort,
    Car un larron souvent m'envie.
— Je marque chaque instant de tes jours, de ta vie ;
— Mais cependant en moi tu peux trouver la mort.

XXXV

Des attributs de Dieu je suis le plus touchant,
Il me donne en partage à l'auguste Marie :
Ne pouvant l'égaler, cette Vierge chérie
A du moins, dans ses dons, pris le plus excellent.

Je vaux, dit le Sauveur, plus que le sacrifice.
— Mais le mal, ici-bas, auprès du bien se glisse :
Si, parmi mes trésors, j'ai du monde chrétien
La noble capitale enclose dans mon sein,
On trouve aussi chez moi d'assez vilaines choses,
— Et, fouillant dans mon nom, on n'a pas que des roses :
— On y voit la misère et le crime odieux,
— Un instrument de mort, — un banquier très fameux.

XXXVI

Je n'ai que tête, queue et cœur :
C'est assez pour avoir la vie ;
Mais à la matière asservie,
Je suis au-dessus d'elle ; immense est ma valeur !
— Si vous changez mon cœur, métamorphose étrange,
Je ne suis plus la sœur de l'ange,
Je suis un stupide animal ;
C'est un changement radical.
— Ou je puis devenir une pièce de terre,
Qui pourra contenir un modeste parterre.
— Changez encor, je courbe, j'affaiblis,
Mais seulement le corps ; l'esprit, je l'enrichis.
— Je me transforme enfin en un mot salutaire :
Ce mot est le premier d'une exquise prière
Que des millions de voix, à la Reine des cieux,
Adressent chaque jour en chœur harmonieux ;
Puissante, elle y répond par des torrents de grâces :
Tous les temps, tous les lieux en attestent les traces.
— Puis ajoutez, si vous voulez encor,
Que du monde je puis figurer le support.

XXXVII

Suivant que je change de tête,
Je change de nature, et je suis tour à tour :
Un viscère d'homme ou de bête ;
— Ce dont les mortels sont en quête,
Et qu'ils rencontrent peu : tout au plus pour un jour,

Car je n'ai point de consistance ;
Souvent pour moi l'on prend une vaine apparence.
— Produit d'un vil insecte, encor je viens m'offrir,
Formant un beau tissu qui sert à vous vêtir.
    — Enfin, je deviens une route,
Dont le choix à l'esprit peut donner quelque doute :
Riante, je pourrais, hélas ! tromper vos vœux ;
Etroite, je suis sûre et j'aboutis aux cieux.

XXXVIII

  De mes deux bouts je forme une aune ;
    — Mon corps fournit presque une tonne
Ou peu s'en faut ; — j'ai de quoi la remplir :
J'en passe le détail ; — mais je pourrais offrir,
Retranchant mon cœur dur, une opulente aumône.
    — Entier je tresse une riche couronne
  Des fruits promis à d'assidus travaux,
Puis je donne à plusieurs un aimable repos.
    Hélas ! ici-bas rien ne dure :
    D'après les lois de la nature,
    Moi qui donne des jours si beaux,
Je suis l'avant-coureur d'une foule de maux.
  Telle une verte et paisible vieillesse,
    Riche des fruits de la sagesse,
    Serait le plus fortuné port
    Après la saison des tempêtes,
    Si les cheveux blancs de nos têtes
    N'étaient précurseurs de la mort.

XXXIX

J'offre, sur mes six pieds, de métaux un mélange ;
On me transforme en Dieu, héros, saint, muse, archange ;
Ou bien, foudre, on me voit vomir dans tous les rangs
    La mort que j'enfante en mes flancs.
— Sur cinq pieds je deviens le prêtre d'une idole,
Sous les cieux d'Orient, où la sainte parole
    D'un apôtre armé de la croix

A souvent confondu ma voix :
Aussi je le poursuis de ma fureur jalouse.
— Sur quatre pieds je vaux plus de dix, moins de douze.
— Avec les mêmes éléments,
Autrement disposés, ceinture de la sphère,
En climats bien divers, soit glacés, soit brûlants,
Ou tempérés, je partage la terre.
— Sur quatre pieds encor je pourrais maintenir,
Dans son moderne nom, une cité d'Afrique,
Où plane l'éclatant et le pieux souvenir
De l'illustre fils de Monique.
— Avec trois pieds, de tous je dois être béni ;
— Sur deux, je suis indéfini.

XL

Ma queue est pareille à ma tête,
Entr'elles je n'ai qu'un cœur dur ;
Mais je mets la nature en fête
Sous mon manteau d'or et d'azur :
Orné d'une riche couronne
Je fais rougir les fruits et jaunir les moissons,
Et j'ai des milliers de chansons
Pour bénir Celui qui les donne.

XLI

J'ai cinq pieds, et pourtant je ne suis qu'un bipède ;
Sur quatre, c'est plus clair, je suis un quadrupède,
Très glouton, renommé pour ma férocité.
Mais dans le premier cas, par ma fécondité,
J'offre une délicate et saine nourriture,
En maigre comme en gras une ressource sûre.
— Mes membres déplacés, je deviens l'instrument
Dont, pour les torts d'autrui, l'on se sert trop souvent ;
— Et sur trois pieds je suis un parasite immonde
Qu'il n'est pas bienséant de nommer dans le monde.

XLII

Parfait et ravissant poëte,
Pur, dans un siècle épicurien,
D'un divin oracle interprète,
Du Christ je fus précurseur et prophète :
Mon génie est presque chrétien.
— J'ai du cœur ; mais en son absence,
Au jeûne aussitôt attaché,
Je me voue à la pénitence,
Et j'impose au moins l'abstinence,
Dette et remède du péché.

XLIII

De sept morceaux unis je forme un vêtement,
D'usage bien ancien mais fort de mode encore,
Que de jais, de dentelle ou fourrure on décore,
Dans le drap, le velours, taillé le plus souvent.
— Otez-en le milieu, je surmonte l'armure
Des héros d'autrefois, de ces preux chevaliers
Servant leur Dieu, leur roi, leur dame.... Des pompiers
Je couronne aujourd'hui l'estimable figure.
— Mais retranchez encor, et je sens le hareng,
Comme l'a remarqué l'excellent Henri quatre,
Qui, selon la chanson, sut boire, aimer, se battre,
Et qui de saint Louis fit refleurir le sang.
— Et vous pouvez aussi trouver dans mon étoffe
De quoi faire un abri par le nègre habité ;
Frêle toit de palmier, sujet à catastrophe,
Et que, dans *l'Oncle Tom*, Beecher Stowe a chanté.
— Enfin de ma moitié vous pourriez encor faire
La poche où vous serrez votre petit trésor.
Pour moi j'arrive au fond, je n'ai plus qu'à me taire :
La parole est d'argent, mais le silence est d'or.

XLIV

Sévigné me proclame un grand prédicateur.
Si vous me retirez mon cœur,

Je suis l'emblème du ménage ;
Mélange d'amertume et de douceur, ouvrage
De quelque habile confiseur.
— Mais gardez seulement mes parts inférieures,
Et, nautonier du Styx, vers les sombres demeures
Je conduis les âmes des morts ;
Le juge les attend sur ces funèbres bords.
Là, Minos, Eacus, Rhadamante, inflexibles,
A de vains arguments demeurent insensibles :
Rang, fortune, pouvoir, trop féconds en abus,
Rendent l'arrêt sévère, obligeant aux vertus :
Tandis que le malheur souffert avec constance,
Plaidant pour la faiblesse, obtient plus d'indulgence.

XLV

Je suis certain poisson, par lui-même assez fade,
Léger et délicat ; un repas de malade ;
Mais donnez-moi pour supplément
Une tête, un pied seulement,
Et je deviens un conquérant tartare
Qui fis à l'Orient subir mon joug barbare :
De l'Inde à l'Assyrie on me voit accourir,
De l'Euphrate à l'Irtisch... et partout conquérir.
Ainsi qu'Agésilas, boiteux, j'eus du génie ;
Je n'ai d'égal qu'Alexandre le Grand.
Mais ne m'appelez pas un héros cependant :
Par trop de cruautés ma mémoire est ternie !

XLVI

J'étais aimable et beau, dit-on, pour mon malheur,
Et l'Aurore et Procris se disputaient mon cœur.
Procris avait affaire à trop forte rivale,
Dont la vengeance, hélas ! devait être fatale....
— Plus heureux quand j'ai bu, je suis d'un conquérant
Le coursier fier et diligent ;
En mon honneur il bâtit une ville....
Me deviner, lecteur, est vraiment trop facile.

XLVII

Je suis un monument fait d'une pierre unique :
    Tel l'obélisque de Louqsor,
    Tel le menhir mégalitique,
    Debout dans les plaines d'Armor.
Mais en prenant le thé je deviens hérétique,
Pourvu qu'outre cela je lâche un pied encor.

XLVIII

  Que je vienne de l'homme ou j'émane du ciel,
    Ma source est en la Providence.
— Qu'une imprudente main trouble mon ordonnance,
    Je distille un poison mortel.
— Mais Dieu bon, de tout mal fait le remède naître :
Et j'apporte avec moi l'arme qui te défend,
— La scène des exploits d'Alexandre le Grand,
— Les champs verts et fleuris où tes agneaux vont paître.

XLIX

    Je suis le maître du tonnerre,
    Je lance la foudre et l'éclair,
    Je règne au ciel et sur la terre
Et je suis craint jusqu'au fond de l'enfer.
    Pourtant ma puissance divine
    Souffre des échecs quelquefois :
    Le destin souvent me domine ;
De la nécessité je dois subir les lois.
— Malgré mon air sévère et ma barbe superbe,
    Je porte jupe, et, croiriez-vous ?
— J'ai peur... peur de ma femme au caractère acerbe ;
J'inquiète, il est vrai, souvent son œil jaloux.
Mon exemple est fatal à mon céleste empire ;
Chez moi, cherchant le mieux, vous ne trouvez que pire.
— Si je promets beaucoup, je ne donne que peu,
— Et, pour finir, ne puis vous offrir rien qu'un jeu.

L

Avec sept membres (sans parler des mains)
J'ai su vaincre l'hydre à sept têtes,
Et j'ai, par cet exploit et par d'autres conquêtes,
Mérité les honneurs divins.
— Bien nulle pourtant est ma tête,
On n'entend point sa voix muette;
— Et quant à mon cœur, il est dur.
J'eus cependant quelque faiblesse...
Qu'est la force sans la sagesse?
Se vaincre soi-même est plus sûr.
— Si vous ôtez ce cœur, je deviens un barbare,
Un instrument de Dieu, puissant entre ses mains,
Qui, pour punir les excès des Romains,
Renverse leur empire et de Rome s'empare.
— Avec cinq pieds, ne fût-ce qu'un moment,
Je n'arrête jamais ma course au pas rapide;
On me gaspille imprudemment,
Et d'une éternité quelquefois je décide !

LI

J'ai la couleur de l'or; mais plus que lui légère,
Je voltige au souffle du vent.
— On me méprise presque autant que la poussière,
Mais néanmoins mon rôle est utile souvent :
Je sers de lit, de toit, de tapis, de coiffure,
J'ombrage votre front et votre chevelure,
Et même j'ai servi de trône au Roi des rois.
Est-il de plus nobles emplois ?
— Mais si j'ai ri, rien qu'une fois,
Tout aussitôt je change de nature,
Et je deviens une cité,
Où certain souverain du nord de l'Italie,
De sa couronne dégoûté
Mena, dit-on, délicieuse vie;
Depuis lors mon nom signifie :

Festins, bombance, ébriété ;
Ce qui nuit à l'esprit, non moins qu'à la santé.
Redoutez le plaisir pris à trop forte dose :
   C'est la morale de la chose.

LII

Du célèbre Chateaubriant
Je suis une sauvage et touchante héroïne
   Dont le souvenir illumine
Les plus sombres forêts du nouveau continent.
   — Me conformant à la coutume
Si je veux revêtir un moderne costume,
   Ma métamorphose soudain
Va s'opérer comme en un tour de main :
Derrière moi mettez une queue, une traîne,
De trois pieds, je deviens rivale d'Hyppomène ;
Pour une pomme d'or qu'il me jette en chemin,
Il me ravit le prix qu'allait toucher ma main.

LIII

D'étrange et singulier on me fait synonyme ;
On applique mon nom à l'homme généreux,
Humble, dur à soi-même, hospitalier, pieux...
Nobles traits, de la foule obtenant peu d'estime.
Ce qui fait peu d'honneur vraiment au genre humain,
Connaissant mieux le mal qu'il ne comprend le bien.
— C'est par le cœur surtout que l'on vaut quelque chose :
Par lui je me distingue en bien plutôt qu'en mal ;
Retranchez-le, soudain je me métamorphose,
Et vous ne trouvez plus en moi qu'un animal.

LIV

Selon l'autorité bien souvent je varie,
Je suis toujours l'avis du pouvoir actuel.
— On peut, dans le détail, me taxer de folie
   — Et trouver en moi quelque fiel,

— Pourtant sur la foi je m'appuie
— Et ma fin dernière est le ciel.
— J'ai la clef de plus d'un mystère ;
— Je tiens le fil de maint événement.
— Je parle tous les jours, et tais ce qu'il faut taire,
Suivant l'intérêt du moment.

LV

Je suis un habitant des régions arctiques ;
— Renverse-moi, je suis un produit des tropiques ;
— On voit chez moi l'oiseau qui fut cher à Junon ;
— Une cité picarde ; — un terme de blason ;
— L'esquisse d'un travail, d'un parc ou d'une ville,
D'un monument construit par quelque artiste habile ;
— Le temps que met la terre à graviter autour
De l'astre qui nous donne et la nuit et le jour.
Mais rends-moi mes cinq pieds, donne-m'en un sixième,
Je deviens philosophe, auteur d'un grand système :
J'ai su définir l'âme, et, quoique né païen,
Deviner le vrai Dieu ; je suis presque chrétien.

LVI

Que je sois bilieuse ou simplement nerveuse,
Ou sourde, ou possédant toute autre qualité,
Je suis toujours méchante, et parfois dangereuse :
Par personne cela ne sera contesté.
Mais quand j'ai bu, je suis de toute autre nature ;
Rien n'est plus innocent, plus doux, plus pastoral ;
   De l'âge d'or je vous fais la peinture ;
     C'est un changement radical.
    Ah ! qu'il faut souvent peu de chose
   Pour opérer une métamorphose
     Et pour changer le mal en bien !
    Mais, hélas ! on peut, au contraire,
    Par une omission légère
     Et qui peut ne sembler qu'un rien,
Détruire tout à coup la plus belle harmonie

Et nous mener à l'agonie :
Entre le bien, le mal, point de terme moyen !

LVII

Je viens des îles de la Sonde
Et je me suis de là répandu dans le monde ;
Je pique, — mais ôtez mon cœur,
Je n'ai plus que de la douceur ;
— Retranchez encor davantage :
La transpiration par moi s'ouvre un passage.
— A ma tête est un fleuve ; — et l'on pourrait encor
Dans mon sein recueillir l'élément d'un trésor.
— Un monarque chez moi trouve un abri tranquille ;
— Deux vulgaires oiseaux y font leur domicile.
— Me réduisant aux seuls membres inférieurs,
Je déraisonne et je chavire....
— Ne cherchez pas plus loin, lecteurs,
Vous ne pourriez que trouver pire.

LVIII

Assis sur les bords de la Seine,
De Molière et Boileau j'alimentai la veine ;
J'étais alors agreste, mais depuis
On m'a fait entrer dans Paris ;
Ce que plus d'un des miens regrette.
— A mes sept pieds ajoutez une tête
(Ce qui m'allonge quelque peu),
Je suis un coin de votre feu ;
Eprouvez-vous quelque souffrance,
D'un dur labeur êtes-vous las ?
Comme la tendre Providence,
Toujours je vous ouvre les bras.
— On ne me trouve point en faute,
Mais la faute se trouve en moi.
— D'un saint cependant je suis l'hôte ;
— Je fournis ce qu'il faut pour couvrir votre toit ;
— Si l'injustice est à votre poursuite,

Avec moi vous prendrez la fuite ;
— Mon instrument mélodieux
Éclaircira votre front soucieux ;
— Et lorsque la Parque ennemie
Voudrait menacer votre vie,
Je puis toujours fournir du fil
Afin d'éloigner le péril.
— Enfin, dans mon trésor en ressources fertile,
On peut toujours trouver quelque chose d'utile.
— Loin d'être un vagabond qui n'a ni feu ni lieu,
Pour vous servir, j'ai l'un, — et l'autre, grâce à Dieu !

LIX

De l'Egypte j'étais l'un des principaux dieux ;
Sous figure d'un bœuf j'y recevais des vœux.
— D'une côte d'Adam fut formé le corps d'Eve :
Mais quant à moi, si l'on m'enlève,
Un os, je changerai de sexe tout à coup ;
Et j'y gagne vraiment beaucoup :
Car je deviens une aimable déesse,
De la reine des dieux la messagère expresse.
Junon récompensa mes services divers
Par le don d'une écharpe éclatant dans les airs
Qui de toutes couleurs présente l'assemblage,
Et qui promet le calme après l'orage.
Je suis enfin une élégante fleur,
Joignant à la beauté la plus suave odeur.

SOLUTIONS DES LOGOGRIPHES

I. — Le mot du logogriphe est SPHINX, dont on ferait PHÉNIX en retranchant la première lettre et la remplaçant par une autre au milieu.

II. — Le mot du logogriphe est PORTE, qui, d'autre façon, fait PROTE, où l'on trouve TROP, PORT, POT, RÔT, ROTE, OR, PRÊT.

III. — Le mot du logogriphe est CERBÈRE, dans lequel on trouve ERÈBE.

IV. — Le mot du logogriphe est APOTHICAIRE, dont on fait APÔTRE en retranchant le *cœur* et les *entrailles*, c'est-à-dire les lettres du milieu.

V. — Le mot du logogriphe est PROSE, où l'on trouve ROSE, OR, OS, PORE, REPOS.

VI. — Le mot du logogriphe est BOUGIE, où l'on trouve BOUGE, BOUE, OUÏE, OUI.

VII. — Le mot du logogriphe est ROSEAU, où l'on trouve EAU, ROSE, SŒUR, OR, OS, SEAU, ESAÜ, ASER, ARE, ROUE, RUE, OURS, OURSE, RUSE, SOU, etc.

VIII. — Le mot du logogriphe est LAMPE, dont on peut faire PALME, et où l'on trouve AME, LAME.

IX. — Le mot du logogriphe est CARÊME, où l'on trouve CARME, MARÉE, CRÈME, ARME, RAME, MARC, AMER, ÈRE, ARE, AME, MER, MARE, MÈRE.

X. — Le mot du logogriphe est CORSAIRE, où l'on trouve ROSAIRE.

XI. — Le mot du logogriphe est HIVER, où l'on trouve VIE et HIER.

XII. — Le mot du logogriphe est LABORATOIRE, où l'on trouve ORATOIRE.

XIII. — Le mot du logogriphe est PARQUE; l'r étant retranché on en fait PAQUE.

XIV. — Le mot du logogriphe est ORGUEIL, où l'on trouve GLOIRE, LOIRE, LOIR, ORGUE, URIE, RUE, OGRE, ORGE, LURE, ROI, ROUGE, LOI, CIE, GRUE, ŒIL, GRIL, LIE, OR, ROUE, LIEU.

XV. — Le mot du logogriphe est POLISSON, où l'on trouve POISSON, POISON, OISON, POIS, SON, ON.

XVI. — Le mot du logogriphe est FLAMBEAU, qui devient LAMBEAU en perdant la première lettre.

XVII. — Le mot du logogriphe est GRAINE, où l'on trouve ANGE, RANG, ERIN, RIGA, ANE.

XVIII. — Le mot du logogriphe est HOSTIE, où l'on trouve OSTIE, HÔTE.

XIX. — Les mots du logogriphe sont PREUX et LÉPREUX.

XX. — Le mot du logogriphe est SATYRE, dont on fait SATIRE en changeant la lettre du milieu.

XXI. — Le mot du logogriphe est PROMÉTHÉE, où l'on trouve MORPHÉE, ORPHÉE, PROTÉE, MORÉE, MORT.

XXII. — Le mot du logogriphe est CANARD, dont on fait CADRAN en renversant la dernière syllabe.

XXIII. — Le mot du logogriphe est POÈLE, où l'on trouve PÔLE, PÔ, LE, POL, LOPE, POE (Edgar), EOLE.

XXIV. — Le mot du logogriphe est PHARE, dont l'anagramme est HARPE.

XXV. — Les mots du logogriphe sont : OGNON, ROGNON, TROGNON, GROGNON.

XXVI. — Le mot du logogriphe est PARIS, qui, en retranchant successivement trois lettres, fait PRIS, RIS, Is (la ville d'), antique cité bretonne.

XXVII. — Le mot du logogriphe est TRÈVE, où l'on trouve RÊVE, EVE, VERT, VER.

XXVIII. — Le mot du logogriphe est TORT, où l'on trouve OR.

XXIX. — Le mot du logogriphe est SÉANT, dont les lettres, diversement disposées, font SANTÉ et SÉNAT, dont on peut faire NÉANT, en changeant le chef, c'est-à-dire la première lettre.

XXX. — Le mot du logogriphe est REPOSOIR, où l'on trouve PROSE, REPOS, ESPOIR, ROSE, SOIR, OR, PIE, etc.

XXXI. — Le mot du logogriphe est TANTE, dont on fait NATTE, et où l'on trouve ETNA.

XXXII. — Le mot du logogriphe est MÉLODIE, où l'on trouve ELODIE, IDOLE, ELOI, LOI.

XXXIII. — Le mot du logogriphe est ÉTOILE, où l'on trouve TOILE, ÉTOLE, TÔLE, ÎLE, LIT, ILOTE, LOT, LOI, LIE, ELOI, EOLE, OIE, IO, ELIE, LOTE, ÉLITE, TOI, etc.

XXXIV. — Le mot du logogriphe est MONTRE, où l'on trouve MORT.

XXXV. — Le mot du logogriphe est MISÉRICORDE, où l'on trouve ROME, ROSE, MISÈRE, CRIME, CORDE, MIRÈS.

XXXVI. — Le mot du logogriphe est AME, qui, en changeant le cœur, c'est-à-dire la lettre du milieu, devient ANE, puis ARE, AGE, AVE et enfin AXE.

XXXVII. — Les mots du logogriphe sont FOIE, JOIE, SOIE, VOIE.

XXXVIII. — Le mot du logogriphe est AUTOMNE, où l'on trouve AUNE, et dont on formerait TONNE en retranchant un jambage de l'*m*; on y trouve encore AUMÔNE en ôtant le *t*.

XXXIX. — Le mot du logogriphe est BRONZE, où l'on trouve BONZE, ONZE, ZONE, BONE, BON, ON.

XL. — Le mot du logogriphe est l'ÉTÉ.

XLI. — Le mot du logogriphe est POULE, où l'on trouve LOUP, LOUPE, POU.

LOGOGRIPHES

XLII. — Le mot du logogriphe est Virgile, qui se change en vigile par le retranchement d'une lettre.

XLIII. — Le mot du logogriphe est casaque, où l'on trouve casque, caque, case, sac.

XLIV. — Le mot du logogriphe est Mascaron, où l'on trouve Macaron et Caron.

XLV. — Le mot du logogriphe est merlan, puis Tamerlan (Timour-Leng, c'est-à-dire Timour le boiteux).

XLVI. — Les mots du logogriphe sont Céphale et Bucéphale.

XLVII. — Le mot du logogriphe est monolithe, lequel, en y introduisant la syllabe *thé* et en retranchant l'avant-dernière lettre, devient monothélite.

XLVIII. — Le mot du logogriphe est présent, dont on fait serpent, serpe, Perse, pré.

XLIX. — Le mot du logogriphe est Jupiter, où l'on trouve jupe, peur, pire, peu, jeu.

L. — Le mot du logogriphe est Hercule, dont la première lettre est muette; celle du milieu est un *c* dur. En l'ôtant, on trouve Hérule (quelques écrivains modernes écrivent *Erule*). Dans Hercule on trouve encore heure.

LI. — Les mots du logogriphe sont paille et ripaille.

LII. — Le mot du logogriphe est Atala, et Atalante en y ajoutant les trois dernières lettres.

LIII. — Le mot du logogriphe est original, dont on fait orignal (sorte d'élan d'Amérique).

LIV. — Le mot du logogriphe est l'officiel, où l'on trouve folie, fiel, foi, ciel, clef, fil, etc.

LV. — Le mot du logogriphe est Lapon, qui, renversé, fait nopal, et où l'on trouve paon, Laon, pal, plan, an, et Platon en y ajoutant une lettre.

LVI. — Le mot du logogriphe est colique, auquel on ajoute *bu* pour faire bucolique.

LVII. — Le mot du logogriphe est poivre, où l'on trouve poire, pore, Pô, or, roi, oie et pie, ivre, pire.

LVIII. — Le mot du logogriphe est Auteuil, dont, en ajoutant une lettre, on fait fauteuil, où l'on trouve faute, Leu (saint), tuile, fuite, flute, fil, utile, feu, lieu.

LIX. — Le mot du logogriphe est Osiris, lequel devient Iris en retranchant les deux premières lettres.

IV

Enigmes de mots homophones [1].

I

Je suis un nombre respectable ;
— Puis encor préposition ;
— Généreux, noble, obscur ou méprisable,
Je me transmets par génération.
En circulant j'anime votre vie ;
Je me prodigue à la patrie ;
Mais dès qu'en lui je suis glacé,
L'homme est aussitôt terrassé.
— On m'appelle *commun*, et, chose assez bizarre,
Je suis alors ce qu'on voit de plus rare !

II

On peut me rencontrer en France
Sous forme de cités, ayant quelque renom
En Champagne, en Lorraine et jusques en Provence ;
En Russie, en Turquie on trouve aussi mon nom.
— Je suis encor poisson, que le gourmet estime ;
— Puis, illustre entre tous, un héros maritime ;
— Un lingot de métal... mainte autre chose enfin
Dont le détail serait sans fin.
— Doublez-moi : des Romains j'ai ruiné l'Empire ;
J'ai menacé l'Europe et manqué tout détruire ;
Mais par ses sages lois, sa tendre charité,
L'Eglise à son tour m'a dompté.

[1] Les mots de chaque énigme se trouvent page 131.

III

Mon nom désigne un certain fleuve,
Puis encore un département :
La circonstance n'est pas neuve,
Nous la rencontrons fréquemment.
— Je suis de plus un juge d'armes,
Dans le code héraldique expert,
Présidant les tournois et des nobles le pair ;
Jadis je proclamais guerre, victoire, alarmes.
— En moi l'on voit encor la fille de Sestos
Pour qui risquait ses jours le nageur d'Abydos.
Bien connue est leur triste histoire ;
Il est bon toutefois d'en garder la mémoire :
Elle offre une leçon pour les jeunes lecteurs.
Plus sage, qu'on saurait s'épargner de douleurs !
— Enfin, je suis un homme qu'on admire
Pour ses exploits guerriers, ses vertus, son martyre :
L'homme de sacrifice, et non le conquérant,
A mérité ce titre et le surnom de Grand.

IV

Sans prétendre passer pour une vérité,
Je dois du moins offrir quelque moralité ;
C'est à ce prix qu'on me tolère,
Et qu'aux petits enfants me transmet la grand'mère.
— J'étais jadis prince ou seigneur,
Comme vassal d'un roi, d'un grand fief possesseur ;
Je ne suis aujourd'hui qu'un titre honorifique,
Encor fort recherché, même en la république.
— Puis, je suis ce qu'il faut toujours bien établir
Pour payer ce qu'on doit, pour ne pas s'appauvrir
Par le désordre et l'incurie :
Ménage, commerce, industrie,
Gouvernement, sans moi tout est bien compromis ;
Et bon, je fais, dit-on, les bons amis.
Au Juge souverain il faut un jour me rendre :

Que ce jour incertain ne puisse vous surprendre !
Tenez-vous toujours prêts ; et, commis vigilants,
Faites fructifier du maître les *talents*.

V

Je suis, dit-on, la moitié d'une dame.
— Je suis encor ce que doit être une âme
Qui veut de ses péchés obtenir le pardon.
— Enfin, je suis le plus précieux don
    Que le ciel ait fait à la terre :
Je surpasse en bonté la plus aimante mère ;
Et nulle comme moi n'a d'immenses pouvoirs
Pour faire des heureux, calmer les désespoirs.
    J'ai d'innombrables homonymes,
Et mon nom sur leurs fronts se grave en traits sublimes ;
    Mais pour dignement le porter,
    Il faut chercher à m'imiter.

VI

De gueules, d'or, d'azur, de sinople ou de sable...
    Je suis le fond d'un écusson ;
    Ou bien, couvert d'une jaune moisson,
De pain et de gâteaux je fournis votre table ;
    Ou bien encor, théâtre d'un combat,
    Je présente une horrible scène :
Du fléau de la guerre et des maux qu'il entraîne
    Que Dieu préserve nos Etats !
— J'inspire la gaîté ; je fais couler des larmes ;
Me mêlant au travail, je lui prête des charmes ;
    J'endors l'enfant dans son berceau ;
    J'accompagne l'homme au tombeau.
    M'élevant avec la prière,
    Ainsi que l'encens de l'autel,
    J'adoucis l'exil de la terre ;
    Je suis un des bonheurs du ciel.

VII

J'arrose des sites charmants,
Et mon nom se retrouve en deux départements
Que de mes eaux bienfaisantes je baigne.
— Je suis le lieu d'où le docteur enseigne
De la religion les hautes vérités,
Ou même la science, en quatre facultés.
— Sujette à plus d'une misère,
Avec l'esprit je suis souvent en guerre ;
Mais l'esprit, dit saint Paul, sur moi doit dominer :
Mon rôle est de servir et non point de gêner.
— Si tu veux en santé conserver ta personne,
Ami lecteur, crois-moi, ne me fais pas trop bonne !

VIII

On m'aime : de nuance éclatante ou foncée,
— Exprimant avec art une noble pensée,
— De Bohême, — luisant parmi l'herbe des champs,
— Ramené par la mode aux courses de Longchamps.
— J'ai mon rôle au banquet. — J'embellis les prairies ;
— J'ai ma place au blason dans quelques armoiries.
— J'attaque la racine — et chante les héros.
— On me prodigue un peu, parfois, dans les tableaux.
— Je figure au dressoir. — Ennemi domestique,
On m'écrase du pied. — L'on me met en musique.
— Je bordais un costume au temps des troubadours,
Et, sous un autre nom, j'orne encor vos atours.

IX

Je suis fleuve, — cité, — ou bien un ustensile
En fer, en terre cuite, et, dans ce cas, fragile ;
— Enfin de toi je fais partie, ami lecteur,
Et l'on ne peut de toi m'arracher sans douleur,
Ou plutôt sans torture : il faut que mort s'ensuive.
— On m'appela fougueux, tant mon allure est vive.
— On révère en mes murs le berceau d'un grand roi.

— Terre, je dois céder au fer; telle est la loi
Du plus fort : Celle-là sur tout autre l'emporte,
Qu'elle soit juste ou non. — Enfin, de mainte sorte,
Cher lecteur, je concours à votre vêtement ;
On peut me dépouiller alors impunément.
— J'arrose le Piémont ; — souvent la maladie
Vient à mon doux climat redemander la vie.
— Rempli de confiture, ou de fleurs, je vous plais,
  Fussé-je d'ailleurs des plus laids.
— Ainsi que toi, lecteur, quoique je sois mortelle,
 Insensiblement je me renouvelle.

X

 Repas auguste et mystère ineffable
Qui réunissait Maître et disciples à table,
Chacun a pu me voir dans le fameux tableau
Que du grand Léonard a tracé le pinceau.
— Je représente, moi, pour les foules mondaines,
En de vivants tableaux les passions humaines.
 — En deux moitiés je divise Paris.
  D'ailleurs ne soyez pas surpris
  De me retrouver en Belgique.
 — Des bâtiments destinés pour l'Afrique,
  Soit à vapeur, soit fins voiliers,
  Se construisent dans mes chantiers.
— J'ai bon tempérament, je n'ai nulle toquade :
De corps comme d'esprit je ne suis point malade.

XI

Je peins la majesté, l'immensité de Dieu,
Et parfois son courroux, juste autant que sévère.
 Je suis, hélas ! un vaste cimetière,
  Le miroir du ciel, sombre ou bleu.
  — Je suis encore un personnage
En France, administrant une ville, un village ;
J'ai de très grands pouvoirs, entr'autres de lier
 Ce que la mort seule peut délier.

— Image de la Providence,
Dont pour nous sont ouverts et le cœur et la main,
Je contiens des trésors d'amour et d'indulgence,
　　Je suis le chef-d'œuvre divin.

XII

Je sers à maintenir, à guider les chevaux,
Sans un frein s'emportant et par monts et par vaux.
— Bien qu'un vieux préjugé me qualifie heureuse,
Combien m'a fait souffrir ma couronne épineuse !
— Je suis d'un grand secours aux froides régions :
Ma chair, ma peau, mes os, tout sert chez les Lapons.
— Enfin, cité bretonne, autrefois capitale,
Je suis aujourd'hui ville archiépiscopale.

XIII

Je suis dans la famille un délégué de Dieu,
Comme lui gouvernant avec miséricorde :
Il adopte mon nom, car son plus tendre vœu
Est d'inspirer l'amour qui de son cœur déborde.
— J'étais jadis presque l'égal des rois,
　Je fus, depuis, de leur conseil un membre,
Ayant pour mission de contrôler les lois
　　Que l'on proposait à la Chambre.
— Je suis nombre facile à diviser en deux,
Depuis l'humble unité jusqu'aux milliards fameux.
— C'est à la condition d'être deux que j'existe :
— Dans la dualité seulement je consiste,
　　— Je caractérise les yeux
　　Qu'on attribuait à Minerve,
　　Ces yeux dont la chaste réserve
Commandait le respect des mortels et des dieux.

XIV

J'étais avant les jours ; sur moi planait l'Esprit.
L'interprète sacré, Moïse, nous l'écrit.
Le Très-Haut m'enchaîna, me traça des limites ;

Docile, j'obéis. Mortel, si tu l'irrites,
Il me permet parfois de rompre ce lien ;
Aucun ravage alors n'est comparable au mien !
Mais tout rentre dans l'ordre alors qu'il voit les âmes
Se soumettre à ses lois : je maîtrise les flammes,
Je féconde le sol, je donne au voyageur
Les ailes de l'oiseau, nuageuse vapeur ;
Je suis un vaste abîme ; en quelques lieux, montagne ;
Mais l'industrie humaine engageant la campagne,
Oppose à mon pouvoir l'effort que Dieu bénit,
Quand aux nobles labeurs la prière s'unit.
— Je suis l'appât du chien, la charpente de l'homme,
Et l'arme quelquefois dont un Caïn l'assomme.
— Je suis un condiment qui ne plaît pas à tous :
N'en mets point, c'est plus sûr, Manon, dans tes ragoûts.

XV

    Ma nature est d'être ronflante,
— Où dans un autre sens, ma nature est chantante ;
J'égaie ou j'attendris ; je suis parfois dansant ;
J'excite le guerrier au combat s'élançant.
    — Indispensable à l'existence,
J'y porte un coup funeste en mainte circonstance.
    — Puis quelquefois du pénitent
    Je suis le rude vêtement.
— Cité d'Artois, — je suis aussi cité des Landes ;
— Nid, je dois abonder sur les sommets des Andes.
— Attendant des fléaux, qui n'ont rien de fatal,
Neuve, chez les Bretons, je fais salle de bal ;
Car pour durcir mon sol il faut qu'on le piétine :
C'est prétexte au plaisir, auquel ce peuple incline.
— Enfin, je suis encor, pour calculer les ans,
Comme point de départ, un point fixe du temps.

XVI

    Toujours militant sur la terre,
    Dans le ciel je suis couronné.

— Je contiens l'aliment dont une tendre mère
   Nourrit son enfant nouveau-né.
— Je donne sa valeur à l'acte du notaire
   Qui fut par son clerc griffonné.
   — J'offrais jadis asile à la druidesse
   Pour son culte mystérieux.
— Grâce à la tempérance et grâce à la sagesse,
Je qualifie un corps, un esprit vigoureux.

XVII

De Charles-Quint j'abritai la naissance;
J'aurais pu, disait-il, contenir tout Paris....
Mais cette capitale a bien grandi depuis,
   Et moi j'ai vu décroître ma puissance.
Je suis triste, mais riche encor quoi qu'on en pense :
   Mes collections de tableaux,
Mes églises, leurs nefs, chapelles et vitraux,
   Attestent ma vieille opulence.
   — Mon usage a force de loi :
Je m'attache à vos mains; en public, en visite,
Il est inconvenant de se passer de moi ;
Fût-on paré d'ailleurs, on est classé bien vite.

XVIII

Aux jambes d'animal avec visage d'homme,
   J'étais jadis au rang des dieux :
Je présidais aux champs, aux bois, et l'agronome
   M'honorait d'un culte pieux.
— Aujourd'hui, je me tiens humblement par derrière
   Votre chemise ou votre habit;
   — Ou, vieux débris couvert de lierre,
J'offre quelque danger d'écroulement subit.
   — Avec orgueil étalant ma parure,
Du vaniteux je suis encore la figure ;
   Mais mon langage me fait tort :
   Tout ce qui brille n'est pas or.

XIX

Au repos consacré dès l'aurore du monde,
Sur l'ordre exprès de Dieu mon usage se fonde :
Dicté par l'hygiène autant que par la foi,
Je me suis transformé sous la chrétienne loi.
— La superstition et l'art cabalistique
Ont décerné mon nom au congrès diabolique,
Rendez-vous des sorciers par Satan présidés
Et pour de noirs complots auprès de lui mandés.
— Je représente aussi deux cités d'Arabie.
Et puis une autre encor, sise en l'Ethiopie :
Une reine de l'un de ces antiques lieux,
Désirant contempler le règne glorieux
D'un monarque fameux en sagesse, en science,
Vint à Jérusalem admirer sa puissance ;
Avec elle apportant les plus riches présents,
Elle sut déployer des charmes séduisants ;
En elle on croirait voir l'épouse des *Cantiques*,
Que Salomon célèbre en ses chants symboliques.

XX

Resserré dans d'étroits souliers,
Je suis le fléau de vos pieds.
— Retentissant dans les bois, dans la plaine,
A d'innocents exploits j'entraîne
Piétons et cavaliers.
— Au détriment de la flamme immortelle
Qui doit diriger tous mes pas
Dans ma carrière temporelle,
De moi vous faites trop de cas :
C'est encourager un rebelle.
— Pour conclure, je suis un bourg,
Longtemps obscur, voisin de la montagne
Où des enfants, errants dans la campagne,
Furent témoins d'un prodige d'amour....
Depuis ce temps la foule me fréquente
Pour aborder la route pénitente.

XXI

Je descends en dansant,
Je remonte en pleurant :
A ces deux traits, lecteur, tu dois me reconnaître.
— En moi l'on voit encore un être
Ignorant, maladroit, et souvent vaniteux ;
Savoir le supporter, c'est être vertueux.
— Des souverains, des grands, des ordres monastiques,
J'accompagnais jadis les actes authentiques.
— Suivi du loup, je garde une propriété ;
— Ou du mouton, je suis un jeu fort usité.
— Si je guéris les cœurs au rocher de Leucade,
On risque d'y laisser son corps en marmelade ;
Le remède nous semble un peu trop violent :
Il vaut mieux vers le Ciel diriger son élan.
— Enfin, je suis encore une sous-préfecture
Où vont les Parisiens en villégiature :
Colbert, le duc du Maine y firent leur séjour ;
Le bon duc de Penthièvre y tint aussi sa cour.
La piété vénère en ce lieu les reliques
De Mammès, saint martyr et des plus héroïques ;
Par un don spécial, pour prix de ses douleurs,
Il guérit bien des maux et fait maintes faveurs.

XXII

Je suis un vêtement de femme,
Variant de forme et de nom ;
Suivant la mode ou la saison
Sur les épaules d'une dame ;
— Insecte des plus curieux,
On m'appelle *religieuse :*
De la prière j'ai l'attitude pieuse,
Obéissant à quelque instinct mystérieux.
— Je suis encore une herbe aromatique
Très odorante ainsi que stomachique,
Et qui, prise en extrait comme en infusion,

Vient en aide au labeur de la digestion.
— On me surnomme la jolie :
Les Druides m'ont fondée en des temps bien obscurs
Je me trouve encore embellie
Par les sites riants environnant mes murs :
Je suis célèbre dans l'histoire ;
Et, sous mes vieux remparts, entourés d'assiégeants,
Un jour, j'ai vu pâlir la gloire
D'un des plus fameux conquérants.

XXIII

J'arrose des sites charmants,
Et mon nom se retrouve en deux départements.
— Si vous me prodiguez à votre amie intime,
Vous n'en faites pas moins d'elle votre victime,
— Serait-ce en prétextant qu'il faut mortifier
Celle dont l'esprit doit toujours se défier ?
— Ainsi que l'orateur, qui de moi fait son trône,
A mes séductions s'oppose dans son prône.
— Maigre, je fais, dit-on, vivre longtemps ;
Trop bonne, j'abrège la vie,
Je fais vieillir avant le temps
Et cause mainte maladie.
— Lecteur, si jusqu'ici sans fruit tu m'as cherché,
On me trouve toujours très loin du bon marché.

SOLUTIONS DES MOTS HOMOPHONES

I. — Les mots de l'énigme sont CENT, SANS, SANG, SENS.

II. — Les mots de l'énigme sont BAR (nom de plusieurs villes), BAR (poisson), BART (Jean), BARRE, BARBARE.

III. — Les mots de l'énigme sont HÉRAULT (l'), HÉRAUT, HÉRO, HÉROS.

IV. — Les mots de l'énigme sont CONTE, COMTE, COMPTE.

V. — Les mots de l'énigme sont MARI, MARRIE, MARIE.

VI. — Les mots de l'énigme sont CHAMP, CHANT.

VII. — Les mots de l'énigme sont CHER, CHAIRE, CHAIR, CHÈRE.

VIII. — Les mots de l'énigme sont VERT, VERS, VERRE, VER, VAIR (menu) aujourd'hui petit-gris.

IX. — Les mots de l'énigme sont PÔ, POT, PEAU, PAU.

X. — Les mots de l'énigme sont CÈNE, SCÈNE, SEINE, SENNE, SEYNE (la) près Toulon, SAINE.

XI. — Les mots de l'énigme sont MER, MAIRE, MÈRE.

XII. — Les mots de l'énigme sont RÊNES, REINE, RENNE, RENNES.

XIII. — Les mots de l'énigme sont PÈRE, PAIR, PAIR (nombre), PAIRE, PERS.

XIV. — Les mots de l'énigme sont EAUX, OS, AULX.

XV. — Les mots de l'énigme sont la lettre R, AIR de musique, AIR (fluide), HAIRE, AIRE (dans ses différentes acceptions), ÈRE.

XVI. — Les mots de l'énigme sont SAINT, SEIN, SEING, SEYN (l'île de), SAIN.

XVII. — Les mots de l'énigme sont GAND, GANT.

XVIII. — Les mots de l'énigme sont PAN (dieu), PAN d'habit, PAN de mur, PAON (oiseau).

XIX. — Les mots de l'énigme sont SABBAT et SABA.

XX. — Les mots de l'énigme sont COR aux pieds, COR de chasse, CORPS humain, CORPS (bourg du Dauphiné).

XXI. — Les mots de l'énigme sont SEAU, SOT, SCEAU, SAUT de loup, SAUT de mouton, SAUT de Leucade, SCEAUX.

XXII. — Les mots de l'énigme sont MANTE, MENTHE, MANTES.

XXIII. — Les mots de l'énigme sont CHER, CHÈRE, CHAIRE et CHER (adverbe).

V

Anagrammes (1).

I

Je suis tantôt trône d'un saint,
— Tantôt d'un écolier l'amusement suprême,
— Ou bien la retraite d'un chien,
— Et je puis même aussi devenir le chien même ;
— Enfin, de l'extrême Orient,
De moi l'on peut former un grand empire,
D'un seul coup d'œil, plus vivement,
Lecteur, que je ne puis l'écrire.

II

Quatre éléments me font, suivant qu'on les arrange,
Un royaume indien de par de là le Gange ;
— Un mets oriental ; — une conjonction,
Préludant à l'objection ;
— Puis un don précieux, entre tous le plus rare !
Présent du Ciel, le seul dont Dieu se montre avare.

III

Par mes feux bienfaisants je guide les pilotes,
J'indique les écueils et j'éclaire les côtes ;
Je préserve l'esquif du plus funeste sort ;
Grâce à moi, l'on arrive heureusement au port.
— La transposition légère

(1) Les mots de chaque anagramme se trouvent page 139.

De deux lettres pourra changer mon caractère :
    Elle me transforme à vos yeux
    En instrument harmonieux,
Par lequel, de Saül endormant la souffrance,
David eût mérité plus de reconnaissance.
Sous les doigts du prophète, accompagnant ses chants,
J'ai fait jusques au ciel vibrer mes sons touchants.
    Gracieuse, mais peu commode,
Dans le siècle dernier j'étais encor de mode ;
    Par le piano détrôné,
Je ne suis aujourd'hui qu'un meuble suranné.

IV

    On me cherche le vendredi ;
    Je viens fort à point en carême ;
Je suis des grands festins : par mon retard extrême,
    Ainsi que Sévigné le dit,
D'un cuisinier fameux la tête se perdit.
Quelque peu transformée, on trouve en moi l'ombrage,
J'abrite les oiseaux et leur joyeux ramage ;
Et quand ils ne font plus entendre leur concert,
C'est moi qui vous égaie et vous chauffe l'hiver.
    — Dans les succès par ma vaillance,
    Dans les revers par ma constance,
Que le sort favorise ou trompe ma valeur,
    De la France je suis l'honneur.

V

    Je suis un roi de Bythinie,
    Fondateur de Nicomédie ;
    Mon homonyme et successeur,
    Grâce au grand Corneille, eut l'honneur
D'être le héros d'une tragédie.
    — Mais faites un revirement
    Entre deux lettres seulement,
Du Christ je suis disciple, et, tout d'abord timide,
    J'ai su plus tard me montrer intrépide.

— Mais par un changement nouveau,
Pour obtenir de l'or et des *bravo*,
Je figure sur un théâtre :
Là, je me grime et je me plâtre,
Et prétendant être un peintre de mœurs,
Je fais semblant de rire ou répands de faux pleurs.

VI

Ainsi que deux enfants d'une commune mère,
Ayant même tendance et même caractère,
Et que distingue à peine un léger changement,
Nos deux noms pourraient bien se confondre aisément.
— Modeste, j'embellis et n'ai rien d'incommode :
Qualités rarement d'accord avec la mode.
Je dois vous dérober aux regards indiscrets,
Mais sous ma transparence on devine vos traits.
— Puis, de l'humilité j'offre un autre modèle :
Je me plais à l'écart, mon parfum me décèle ;
Je viens vous réjouir en des jours pénitents,
Et je suis le premier sourire du printemps.

VII

Dans un temps peu lointain, bourgade abandonnée,
Je ne soupçonnais pas ma haute destinée ;
Ce que me réservait un prochain avenir,
Dans mon nom cependant on l'eût pu découvrir ;
Un simple jeu de mots le montre prophétique ;
Après s'être accompli le présage s'explique :
Un grand roi me dota d'un superbe palais,
D'un grand parc ; des hôtels se groupèrent auprès ;
Et cité je devins, et même capitale,
Qui dans sa majesté fut longtemps sans égale.
Le maître s'entourait de toutes les grandeurs :
Hommes d'Etat, guerriers, artistes, orateurs,
Beautés, esprits d'élite, admirables poètes,
Tout enfin concourait à l'éclat de mes fêtes....
Mais un siècle plus tard, me drapant dans mon deuil,

Comme une veuve en pleurs contemplant un cercueil,
Désertes je voyais mes belles avenues ;
L'herbe entre les pavés pullulait dans mes rues,
Et plus tard l'étranger s'est installé chez moi :
Du palais où jadis nous lui faisions la loi,
Il rendait des arrêts qui mutilaient la France,
La pressurant d'impôts, savourant sa souffrance ;
Ce n'est que bien repu qu'il a quitté ces murs.
Il est vrai que depuis j'eus des jours moins obscurs ;
Mais mon lustre présent est loin d'être le même
Qu'au temps où rayonnait le brillant diadème
Dont l'éclat sans rival, illuminant ce lieu,
    Ne s'inclinait que devant Dieu.

VIII

  Des villageois, dans leurs réjouissances,
    J'abrite les jeux et les danses ;
    Mon ombre est chère au voyageur
Ainsi qu'au paysan, lassé de son labeur.
— Je suis aussi la cité sans seconde ;
    Je fus jadis reine du monde,
Et je le suis toujours aux regards de la foi :
Le Vicaire du Christ a son siège chez moi.
— Puis en moi vous voyez un peuple de l'Afrique :
J'ai longtemps envahi la presqu'île ibérique,
Mais j'en fus à jamais par Ferdinand chassé ;
Tout y redit encor mon glorieux passé.
— Enfin, je suis un saint qui, dans un temps barbare,
Civilisai l'Artois, aidé par saint Bertin ;
Dans ce pays alors la lumière était rare,
Mais son flambeau depuis n'y fut jamais éteint.

IX

De l'amitié je suis, dit-on, l'auxiliaire,
Sous forme de bonbons, jouets, livre, joyau....
On voit parents, amis, l'aïeule, le grand-père,
Me prodiguer au jour premier de l'an nouveau ;

Jour entre tous plein d'allégresse,
Jour où s'épanche la tendresse,
L'avare n'y voit qu'un fléau.
— En transposant plus d'une lettre,
De moi des animaux vous faites le plus traître :
Pour la femme surtout, je suis objet d'horreur ;
Elle prêta jadis à mon art séducteur
Une oreille trop complaisante ;
Une seule, échappant à ma rage insolente,
Vengea son sexe et lui rendit l'honneur.
Aussi d'elle j'ai toujours peur ;
Et désormais mon orgueilleuse tête,
Sous son pied comprimée, atteste ma défaite.

X

Entouré de sa cour, quand un roi sur son trône
Se montre ceint de sa couronne,
Je suis l'un de ses attributs :
J'étais aux mains d'Assuérus
Quand Esther, pour les Juifs implorant sa clémence,
Tremblante à son aspect, tombait en défaillance,
Et je fus l'instrument qui vins la rassurer
Et lui permettre d'espérer.
— La transposition légère
De deux lettres me rend un être imaginaire,
Des superstitieux excitant la terreur :
L'amour du merveilleux l'emportant sur la peur,
Je deviens le héros de plus d'une légende ;
On croit m'apercevoir sur la grève ou la lande ;
Et je fais tous les frais de la veille du soir,
Qu'on prolonge à dessein, craignant de m'entrevoir.

XI

Petit-fils de Nachor et fils de Bathuel,
De Rebecca j'étais le frère,
Père de Lia, de Rachel...
Et cauteleux de caractère :

Quelque chose de moi demeure en Israël.
— Renversez-moi, je suis un brutal personnage,
Epoux d'Abigaïl, femme discrète et sage :
Quand j'insultai David, elle sut l'apaiser ;
Ce prince après ma mort a voulu l'épouser,
Estimant un trésor cette femme prudente
Qui sut de sa fureur se rendre triomphante.
  — Avec les mêmes éléments,
  Sans lacunes ni compléments,
Je me transforme en saint de la Grande-Bretagne,
Qui, soldat de l'empire, après mainte campagne,
Rentré dans mes foyers, sous Dioclétien,
Y subis le martyre en me montrant chrétien.
Mon sang fut le premier versé dans ma patrie
Pour la cause du Christ, et, semence bénie,
Elle y jeta bientôt des rameaux vigoureux :
L'Ile des saints devint son surnom glorieux.
— Après avoir ainsi vécu sous mainte forme,
En adjectif encor je me transforme ;
Soit qu'il s'applique au mot, ou bien au sentiment,
Il marque esprit vulgaire et cœur sans mouvement.

XII

  De six lettres je me compose
  Et, suivant que l'on les dispose,
On me verra subir quelque métamorphose :
  Tour à tour herbe de nos champs,
   — Ou bien ville de l'Italie,
  — Puis l'un des villages flamands,
Où le langage ancien aux vieilles mœurs s'allie :
— Enfin, soit du soleil, soit d'une autre clarté,
  Je suis un éclat emprunté.

XIII

  Je suis le plus aimable asile
  Qu'une mère offre à son enfant ;

C'est là qu'heureux, doux et tranquille,
Il prie, il joue et s'endort confiant.
— Si de ce nid d'un petit ange
Vous dérangez l'intérieur,
C'est toujours fouillant dans la fange
Que vous me trouverez, lecteur.

SOLUTIONS DES ANAGRAMMES

I. — Les mots de l'anagramme sont NICHE, CHIEN, CHINE.

II. — Les mots de l'anagramme sont SIAM, MAÏS, MAIS, AMIS.

III. — Les mots de l'anagramme sont PHARE et HARPE.

IV. — Les mots de l'anagramme sont MARÉE, RAMÉE, ARMÉE.

V. — Les mots de l'anagramme sont NICOMÈDE, NICODÈME et COMÉDIEN.

VI. — Les mots de l'anagramme sont VOILETTE et VIOLETTE.

VII. — Les mots de l'anagramme sont VERSAILLES et VILLE ERAS.

VIII. — Les mots de l'anagramme sont ORME, ROME, MORE, OMER.

IX. — Les mots de l'anagramme sont PRÉSENT, SERPENT.

X. — Les mots de l'anagramme sont SCEPTRE et SPECTRE.

XI. — Les mots de l'anagramme sont LABAN, NABAL, ALBAN, BANAL.

XII. — Les mots de l'anagramme sont TRÈFLE, FELTRE, FLÈTRE et REFLET.

XIII. — Les mots de l'anagramme sont GIRON et GROIN.

VI

Acrostiches.

I

A saint Joseph.

Je voudrais célébrer un nom si vénérable ;
On l'a fait maintes fois, ce n'est jamais assez.
Soyez-nous, ô grand saint, constamment secourable,
Et gardez-nous des maux présents, futurs, passés ;
Puis, qu'à nos derniers jours vos soins nous soient propices.
Heureux qui vit et meurt, cher saint, sous vos auspices

II

En vous l'on voit un zèle ardent autant qu'aimable ;
Dans plus d'une œuvre on sent votre main charitable ;
On reconnaît en vous un cœur où Dieu se plaît,
Une âme qui du ciel présente un doux reflet.
A mon bon souvenir permettez cet hommage
Rendu par le cœur seul et sans aucun apprêt :
Donnez-moi, pour retour, parfois votre suffrage.

III

Heureux soyez du bien qu'à tous vous savez faire
Et que vous prodiguez à vos enfants chéris.
Ne craignez aucun mal, ô très vénéré Père,
Rien ne doit vous manquer, dans le ciel, sur la terre ;
Il n'est partout pour vous que des amis.

IV

Vaincre une formidable armée
Indique des talents guerriers :
Combattant pour la foi, le roi, la dame aimée,
Tels se montraient jadis les vaillants chevaliers.
On poursuit ici-bas plusieurs titres de gloire
Il est pour l'écrivain, l'artiste des rayons....
Régner par la bonté, dompter ses passions,
Est pour un noble cœur la plus belle victoire.

V

Je voudrais peindre ici la femme chaste et pure,
Orgueil de ses enfants, charme de ses amis ;
Saisir de son talent la grâce et la tournure,
Et comme elle exprimer des sentiments exquis ;
Poète je serais : je parlerais à l'âme
Harmonieusement.... Mais ne sachant qu'aimer,
Inhabile et sans voix, je craindrais de rimer....
Ne m'aiderez-vous pas? Cherchez un peu, Madame,
Et vous devinerez qui j'ai voulu nommer.

VI

A toutes les douleurs vous êtes secourable,
Un mal entre vos mains se transforme en bonheur :
Grand est votre pouvoir, car large est votre cœur ;
Un trésor en jaillit, fécond, inépuisable.
Soyez béni du ciel : qu'il accorde à vos vœux
Tous les biens ici-bas non fondés sur le sable,
Et la plus belle place au royaume des cieux.

VII

L'empire des cœurs est le vôtre :
On vous aime en vous connaissant ;
Une amitié comme la nôtre
Ignore tout déguisement.
Sur ces mots projetez un regard indulgent,
Et mon faible bouquet en vaudra bien un autre.

VIII

Louange, affection et grâces vous sont dues ;
Auprès de vous l'on trouve espoir, force, douceur.
Utile est votre vie, et noble est votre cœur.
Rude est votre chemin ; mais au delà des nues
Est le but, où Dieu même est le prix du labeur.

DEUXIÈME PARTIE

Ce que l'on trouve dans quelques Logogriphes.

Ce que l'on trouve dans quelques noms.

Logogriphes (1).

I

Au très honoré frère Philastre, propagateur des bons livres.

Frère, votre nom dit que vous aimez les astres :
C'est un goût élevé, qui porte vers le ciel.
— On voit d'abord en vous l'un de ces forts *pilastres*,
Soutiens de la patrie et surtout de l'autel.
— Cette chère *patrie*, en vous elle domine
Et vous la nourrissez de la saine doctrine ;
— La *harpe* de David résonne sous vos mains.
— Etendant vos bienfaits jusqu'aux pays lointains,
De *Paris*, vos rayons, — au delà de l'*Asie*
Et l'extrême Occident, font circuler la vie ;
Vous embrassez le monde en un sublime effort,
— Et, *phare* lumineux, vous indiquez le port.
— La *piastre* en vos mains ne reste pas stérile ;
— Et le nécessiteux chez vous trouve un *asile*,
— L'*air* pur, de l'existence élément essentiel,
— Et l'*âtre* hospitalier, — le *repas* — et le *sel* :
  Je veux parler du sel de la sagesse,
    Dont vous imprégnez la jeunesse.
  — Voulant agir comme Notre-Seigneur,
Vous accueillez le pauvre ainsi que le pécheur :
C'est-à-dire le *pâtre* — et même le *pirate*....
— Mais je ne sais pourquoi vous recevez *Pilate !*
    Espérez-vous le convertir ?
    Vous aurez peine à réussir :
Des hommes de nos jours c'est un des plus vrais types ;
Pilate n'est pas mort, rend toujours ses arrêts,

(1) Le mot de chaque logogriphe se trouve à la fin du volume.

Sacrifiant et justice et principes
    A la peur, à ses intérêts ;
Certains grands criminels donnent plus d'espérance
    D'arriver à la repentance ;
Tandis que l'égoïste et l'âme sans vigueur
Ont du renoncement une invincible horreur.
— Vous, juste pénitent, qui revêtez la *haire*,
Vous donnez vaillamment un exemple contraire ;
— Le *péril* — constamment accompagne vos *pas* ;
— De votre cœur s'échappe un douloureux *hélas!*
— Vous avez une *plaie* incessamment béante :
C'est être du Sauveur une image frappante.
— A-t-on besoin de *plats* — de *tapis* — d'un *saphir*,
— Fût-ce à titre de *prêt*, vous pourriez les offrir ;
— Vous possédez aussi cette *pile* électrique
Dont la science fait un usage pratique ;
— Vous cultivez les *arts* ; — vous avez de l'*esprit* ;
C'est toujours votre nom, cher Frère, qui le dit :
On peut trouver en vous encor bien d'autres choses,
Et ce nom peut subir maintes métamorphoses.
— La *tiare* s'y montre avec tout son éclat,
— Et vous avez en vous l'étoffe d'un *prélat*.
— Si, pour monter au ciel, vous allez en *spirale*,
Si vous ne suivez pas la ligne verticale,
La route importe peu si vous touchez au but :
Plus d'un chemin conduit à ce port du salut.
— Chez vous est en honneur l'auguste nom de *Pie* ;
— Mais si j'y vois le *lis*, — j'y trouve aussi la *lie* ;
— *Pire* pourrait surgir.... Cessons de badiner :
En dire plus serait risquer de profaner
    Votre honorable caractère,
    Votre Institut, que je vénère,
  Auquel je tiens par un lien puissant,
Le pieux souvenir d'un cœur reconnaissant.

II

Nom céleste, don fait par Dieu même à la terre,
Nom terrible à l'enfer, au chrétien salutaire,

Plus suave qu'un baume et plus doux que le miel,
Je console le monde et réjouis le ciel.
— Je contiens l'élément dont ce nom est l'étoile ;
— Ce qui guide l'esquif, à défaut de la voile ;
— Celui dont jeune fille attend un vain bonheur ;
— Le verbe le plus doux, conjugué par le cœur.
— En moi tu vois encor cette part de ton être
La plus noble, et que Dieu pour lui seul a fait naître;
— L'instrument du combat qui rend victorieux ;
— Ce qui répugne au cœur, mais le rend vigoureux ;
— Ce qu'avec la raison je n'accorde qu'à peine
Si le secours d'en haut ne dirige ma veine;
— Un mois fleuri ; — le chant qu'on aime à répéter ;
— Le chef municipal qu'il nous faut respecter;
— L'élément nécessaire à l'humaine existence ;
— Un saint, gloire de Reims et de l'antique France;
— L'objet que toujours cherche, et trouve rarement,
Le cœur, qui sur ce point se trompe trop souvent ;
— Un titre oriental ; — la retraite aquatique
Où règnent la grenouille et l'oiseau domestique;
— Enfin le nid de l'aigle, au vol audacieux,
Qui fixant le soleil s'élève vers les cieux.

III

Il est un nom béni : nous y trouvons un père ;
 — Il renferme en soi la prière ;
— D'un grand pontife-roi le nom auguste et doux
S'y joint aux éléments de toute nouvelle ère.
 — Enfin, ce mot si rempli de mystère,
 Si vénérable, invoqué par nous tous,
  Peut bien aussi prêter à rire.
J'en ai trop dit déjà, si j'ajoute c'est pire.

IV

De sept membres formée, on me trouve au Carmel :
De cet ordre fameux je fus réformatrice.
— Un pied de moins, j'obtins le salut d'Israël :

La royauté pour moi ne fut qu'un sacrifice.
　　Sur nous deux c'est en dire assez :
　　Tout aussitôt vous nous reconnaissez.
— Mais ce que l'on sait moins, je cache sous ma bure
　　Plus d'une profane figure :
L'épouse de Saturne et la mère des dieux ;
— Le père d'Hippolyte, héros bien malheureux ;
　— L'indigne amant de Philomèle...
　— J'inaugure une ère nouvelle ;
— Je donne l'être ; — en moi vous trouvez le moyen
De vous faire subir d'un docteur l'examen ;
— D'un castel ou d'un fort je fournis la défense ;
— Un fluide très subtil ; — un maréchal de France ;
— Un des points cardinaux ; — un végétal chinois ;
— Ce qui vous a servi pour mesurer du bois ;
— Et le surcroît que Dieu, pour prix du sacrifice,
Outre son paradis, promet à la justice.

V

Humble vierge, jadis je gardais mon troupeau ;
Des Francs j'ai protégé depuis la capitale ;
On y vénère encor mon glorieux tombeau :
Depuis treize cents ans, j'y règne sans rivale.
Dans mon cœur, néanmoins, son nom n'est point gravé ;
Mais retranchez ce cœur ; une ville étrangère,
En ténèbres, hélas ! transformant sa lumière,
Laisse voir à mon nom son triste nom rivé.
— Derrière moi s'abrite une coupable mère ;
— Devant, j'offre un état pénible, salutaire,
Qu'on sait apprécier quand on vit de la foi ;
— Un sentiment jaloux réside aussi dans moi ;
Mais je sais l'ennoblir. — En mon sein est la vie ;
— Sous le souffle divin j'enfante le génie ;
— J'inspire le poète, — ou j'ai l'éclat du lis ;
— Par les saints cultivé, champ sacré, je fleuris,
— Et, produisant un pur et généreux breuvage,
Soutiens l'âme et le corps en leur pèlerinage.

VI

A madame L. G.

Quel que soit à mes yeux le mérite intrinsèque
De votre nom, aimable entre beaucoup de noms,
J'y reconnais encor, lorsque je le dissèque,
Un assemblage heureux des plus précieux dons :
— Il fait penser au saint, entre nos rois illustre,
Dont le règne a jeté sur son siècle un grand lustre ;
— Puis à l'onde aux détours riants, capricieux,
Près desquels il bâtit un asile pieux,
Où, parfois, méditant le néant des couronnes,
Dans le sein de l'Eglise, il versait ses aumônes.
  — Et ce qui plaît à tout le monde
  Vient ensuite éclater aux yeux :
  Dans toute la machine ronde
  Rien ne provoque plus de vœux ;
— Vous nous offrez encore un objet bien infime,
Trop souvent dédaigné pour sa valeur minime ;
Son absence pourtant, réduisant aux abois,
Est plus lourde à subir que n'importe quel poids ;
— Puis, je vois un pronom dont vous ne tenez compte ;
  — Un gros oiseau de basse-cour ;
— Ce qu'il faut respecter et suivre sans détour,
  Avec obéissance prompte ;
— Ce qui rend savoureux l'insipide aliment ;
— Ce qui peut bien noircir, mais s'enlève aisément ;
— Un tissu chatoyant comme un riche plumage ;
— Un petit mot très bref, qui pour jamais engage ;
— Un ministre fameux que ses brillants travaux
Ont élu pour patron de la gent à marteaux ;
— L'organe délicat dont s'échappent des flammes ;
— Le sens par où la foi pénètre dans les âmes ;
— En vous s'élève encor, symbole de candeur,
De sa tige élancée, une royale fleur,
— L'objet qu'au fond du cœur évoque une pensée :
Heureuse si là-haut votre âme l'a placée !

— Enfin, bien peu s'en faut, un astre sans pareil ;
Rien qu'un pied de changé, vous seriez le soleil.

VII

De ma postérité je tire tout mon lustre :
Fille des rois pourtant, je suis de race illustre ;
Jusqu'au berceau des temps ma filiation
Remonte avec éclat, sans interruption :
    Tous me proclament bienheureuse,
Et mon autel de vœux est sans cesse entouré.
    Mon nom veut dire *gracieuse* ;
Il est dans l'Armorique entre tous honoré.
    — Renversez-le : de la riche Sicile
Il rappelle une plaine et riante et fertile ;
Champs aimés de Cérès, témoins de ses douleurs,
Quand aux eaux d'Aréthuse elle mêlait ses pleurs.
— Sur trois pieds, patient, et d'une humble nature,
J'ai vu naître le Christ, et je fus sa monture,
Quand, guidé par Joseph à travers les déserts,
J'ai soustrait et la mère et l'enfant aux pervers :
Trente-trois ans plus tard, d'un triomphe éphémère
Je goûtais avec lui la douceur passagère.
Mais, à quoi tient, hélas ! des peuples la faveur ?
Des cris de mort bientôt retentit la fureur !...
— Sur deux pieds, fils du temps, courte est ma destinée,
Mais si j'ai tôt vécu, j'ai nombreuse lignée :
A peine suis-je mort qu'un enfant nouveau-né,
A moi substitué, du ciel vous est donné,
Qui, suivant à son tour les traces de son père,
Féconde en expirant sa race héréditaire.

VIII

Des anges que l'Eglise à votre encens propose
Je suis le prince : à tous j'ai donné le signal,
Et levant l'étendard de la plus noble cause,
    J'ai triomphé de l'esprit infernal.
    Je suis le soutien de la France

Et je veille sur ses destins ;
Au cœur des bons Français j'ai soufflé ma vaillance,
En ralliant tous ceux qui flottaient incertains
— Cependant la douceur est aussi mon partage :
— Je vous offre un repas frugal, substantiel ;
— N'allez pas préférer le décevant breuvage
Q'offre à vos vœux trompés la coupe aux bords de miel.
— Oh ! croyez-moi, plutôt cherchez l'austère voie :
Si je suis rude, aussi je façonne et polis ;
  En vain l'impie aux tortueux replis,
En s'acharnant sur moi croit trouver une proie ;
Il n'use que ses dents, instruments avilis.
— Méprisant ses efforts, entrez dans la carrière
Où vous devez lutter pour conquérir le prix !
— A vos yeux apparaît la cime du Calvaire :
Courage, car c'est là le seuil du paradis....
— Et je montre le ciel à vos regards épris.

IX

Mon patron commandait au Fils de l'Eternel :
Son crédit est sans borne aujourd'hui dans le ciel ;
Son service ennoblit, et je m'en glorifie.
Dans sa protection toujours je me confie ;
Longtemps obscur, son culte en nos jours va croissant ;
Et son nom en hébreu dit *progrès incessant*.
— Deux patriarches, — puis un lévite, — un prophète,
Qui des douleurs du Christ se rendit l'interprète,
— Un grand Pape, ont leurs noms toujours unis au mien :
Il n'est rien de plus fort qu'un multiple lien !
— Je ne suis point hostile à l'étude classique :
La sagesse chez moi revêt son nom antique ;
— Un fabuliste grec n'en sera pas banni ;
— Par Médée, un vieillard s'y trouve rajeuni....
— Il n'est point, a-t-on dit, de rose sans épine :
  Moi, j'ai l'épine et je n'ai pas la fleur ;
Mais d'un sort dirigé par une main divine,
  Bien peu soupçonnent le secret bonheur !

— La peine dans mon sein — n'en exclut pas la joie :
On le comprend pour peu qu'en l'Evangile on croie.
— Qui peut se figurer la consolation
Qu'en mon âme répand la lyre de Sion !
— Oui, cet écho du ciel, la noble poésie
Avec moi se confond ; nul n'en sera jaloux :
Elle offre peu de biens !... mais les embellit tous
   Au prisme de la fantaisie.
— J'ai de riches tissus — et d'humbles vêtements ;
C'est ceux que je préfère et, je mets en réserve,
   — Avec le soin qui les conserve,
Pour le culte divin, mes plus beaux ornements.
— De l'hospitalité je me fais une fête,
Et j'ai pour y pourvoir la viande bientôt prête,
— Du lait pur, — un légume — avec de blonds épis ;
— Craignez en cherchant mieux de trouver encore pis.
— Que vous dirai-je encor? Aux rives de la Seine
— Et de l'Oise, longtemps j'ai retrempé ma veine ;
— Je suis vieille et me penche, ainsi que cette tour
De la cité toscane, artistique séjour ;
En butte aux ouragans, je ne romps pas, je plie.
— Finissons : je bavarde, hélas ! comme une pie :
Plus d'un point de contact se trouve entre elle et moi....
— Pour se taire, comment se dépouiller de soi?

X

Mes deux extrémités font une part du monde
  Et ce n'est pas des cinq la moins féconde.
— Je renferme Satan dans mon intérieur ;
Avec l'aide du Ciel il ne me fait pas peur ;
— Il n'empêche qu'en moi l'on ne trouve une sainte :
A la lutte ici-bas l'âme est toujours astreinte ;
Le prix dépend du choix de notre liberté.
— Moyennant un accent, je donne la santé :
C'est après la vertu la plus utile grâce.
— Le sénat tout entier chez moi trouve sa place ;
— J'ai pour le recevoir ma robe de satin ;

— Les glaces du salon ne manquent pas de tain
   Pour me renvoyer mon image ;
— J'offre dans une tasse un excellent breuvage :
— L'anis y fait sentir ses bienfaisants effets
— Et ma nasse fournit les poissons les plus frais.
— Pour le reste, au marché, mon vieil âne y supplée,
— Jusqu'à ce que sa peau me fournisse une taie....
— Mais de tous ces fragments qu'allez-vous composer ?
M'avez-vous devinée, ou faut-il proposer
Encor comme un problème un nom qui signifie
   Résurrection et *nouvelle vie ?*
Dans le martyrologe il est des plus anciens,
Datant du premier siècle et des premiers chrétiens :
Depuis dix-huit cents ans, quel titre de noblesse !
Je suis toujours nommée au canon de la messe.

XI

   Mon doux nom est fort répandu
   Dans le ciel comme sur la terre ;
Mais, hélas ! chers lecteurs, il ne se prête guère
Au logogriphe, qui par vous est attendu.
En l'allongeant un peu, cela devient facile,
Avec trois pieds de plus il sera moins stérile :
Une veuve de Tarse et mère de saint Cyr,
Martyre avec son fils, dans ce cas vient s'offrir
Sans doute vous savez cette touchante histoire,
Dont plusieurs écrivains retracent la mémoire.
— De la Scandinavie un peuple très vaillant
   Vient donner son nom au Jutland ;
S'étendant au delà de cette péninsule,
En barbare du Nord, dégagé de scrupule,
   On le voit, avec les Saxons,
   Envahir l'île des Bretons.
— J'ai l'instinct belliqueux, je me livre à la lutte :
C'est contre mes penchants surtout que je dispute,
   Pour les bien soumettre au devoir.
— Etre du ciel élue est mon but, mon espoir ;

— D'amis je me compose une élite choisie ;
— Si chez moi peu de chose est pour la fantaisie,
On y trouve l'utile, et c'est le principal ;
L'agréable sans lui peut devenir fatal.
— Aux ouvrages d'aiguille on me voit attirée,
Jamais de mon étui je ne suis séparée.
— Si quelque coup de vent endommage mon toit,
J'ai pour le réparer tout ce qu'il faut chez moi.
— Enfin, mon cher lecteur, je suis hospitalière,
Et je vous offre un lit, si cela peut vous plaire ;
    — Un jet d'eau pour vous rafraîchir,
    — Puis un jeu pour vous divertir.

XII

Je suis un des plus beaux, des plus chers attributs
Du Seigneur Tout-Puissant et de la Vierge-mère,
Et c'est aussi par moi que les grands de la terre
De la Divinité se rapprochent le plus.
— Deviner cette énigme est vraiment trop facile ;
    J'en offre la clé tout d'abord.
    — Chez moi vous trouverez encor
    Le héros chanté par Virgile,
— Et puis le protecteur des lettres et des arts
Qui sut rendre fameux le siècle des Césars ;
— La cité qu'un bon fils bâtit au nom d'Hélène
    Dans notre France alors gallo-romaine.
— Mais j'ai bien mieux encor : contemplez le tableau
Que traça Léonard de son divin pinceau
Nous montrant le Sauveur dans sa dernière agape
Consacrant et le pain et le jus de la grappe,
Et se léguant lui-même au troupeau de son choix
Quand un traître veillait et qu'on dressait la croix.

XIII

Avec mon cœur je fus l'ardent mais faible Pierre ;
Mais sans cœur je deviens forteresse de pierre ;
Dans l'histoire sacrée également fameux,

Nos noms de souvenirs remplissent les saints lieux :
L'un fit souvent vibrer la lyre prophétique,
L'autre est celui de saints du temps évangélique ;
Deux apôtres du Christ, faits juges d'Israël,
Depuis dix-huit cents ans, ils ont un trône au ciel.
— Change ma tête en queue et du cœur fais ma tête,
Je suis juge aux enfers et je fus roi de Crète.
— Sans peine on peut trouver parmi mes pieds divers
Ce que plus d'un poète a chanté dans ses vers,
Père de trente enfants et frère d'onze frères,
Fugitif fils du temps, sujets aux lois lunaires,
Tour à tour gris ou blancs, verdoyants ou dorés,
Apportant les frimas, ou de charmes parés.
— Puis, j'offre à ton estime une vertu commune
Qui plus que le talent conserve la fortune ;
— Ce qui frappe l'oreille ou nourrit l'animal ;
— Une antique cité dont le sort fut fatal ;
— Ce que l'égoïste aime, adore et glorifie,
Mais que le vrai chrétien chaque jour sacrifie ;
— Un désert où Moïse emmena les Hébreux,
Pour y voir opérer des faits miraculeux ;
C'est là qu'un Dieu trop bon, pour prix d'un long murmure,
A fait pleuvoir sur eux la céleste pâture.

XIV

Si le nom que je porte est celui d'un potage,
    C'est vraiment un pauvre avantage ;
      Mais j'en ai de plus sérieux :
      J'ai divers patrons dans les cieux ;
   J'y compte aussi plus d'une protectrice :
Etudier leur vie est un saint exercice
      Qui ne peut que porter bonheur,
      Et je m'y livre de grand cœur.
— On peut trouver chez moi différents personnages ;
Mais tous également n'auront pas mes suffrages :
On rencontre d'abord un méchant empereur
Qui, luttant contre Dieu, ne fut pas le vainqueur.

— Voici venir ensuite une fille d'Auguste,
Par ses mœurs décriée ; un écrivain (1), peu juste,
A voulu de nos jours la réhabiliter....
En histoire, aujourd'hui, l'on veut tout contester !
— Puis, du *Britannicus* de l'illustre Racine
Je ferai sous vos yeux passer une héroïne.
— Voici le fondateur de l'antique Carmel,
Qui dans un char de feu fut ravi jusqu'au ciel ;
— M'élevant à mon tour, j'atteins jusqu'à la nue ;
— On reconnaît en moi les marques d'une élue.
— Je resterai toujours jeune en dépit des ans,
— Et le plus beau des mois me maintient au printemps.
— Si je ne craignais pas de paraître importune,
Je pourrais avec moi vous conduire à la lune ;
— Si vous le préférez, je vous propose un jeu....
— Ne dites pas de moi que je n'ai feu ni lieu :
Le feu peut me manquer, mais le lieu me demeure :
La part que Dieu nous donne est toujours la meilleure.

XV

Mon nom rappelle un peuple d'Italie,
Et qui, voisin de Rome, avec elle s'allie :
Par surprise, je fus l'épouse du Romain.
Un roi législateur est choisi dans mon sein.
— Chez moi vous rencontrez un sage de la Grèce ;
— La mère de Clovis, de Childéric hôtesse,
Qui, laissant son époux, s'unit au roi des Francs.
— Je suis saine en dépit d'un cœur qui dans mes flancs
S'agite ; — ma charpente a la base solide ;
— Grâce aux bains que je prends on n'est pas plus valide ;
    — Je supporte le poids des ans,
  — Malgré la bise et l'effort des autans ;
— D'un printanier tissu pourtant je suis vêtue,
— Toutefois je ne vais jamais la jambe nue ;
— Je me nourris de fruits sauvages, — de pain bis,
— Le tout assaisonné de quelques grains d'anis ;

(1) Blaze de Bury.

— J'aime à faire le bien ; — j'ai racheté le brave
Qu'au pays d'Orient on avait fait esclave ;
— Un âne est ma monture ; — et, quoique fort distants
L'un de l'autre, chez moi sont deux départements ;
— C'est chez moi que s'inscrit ce qui, suivant l'usage,
Dans l'église toujours précède un mariage.
— Pour finir, je vous offre un vêtement guerrier,
— Ou, ce qui vaut mieux, l'aise au coin de mon foyer ;
— D'ailleurs, si vous avez quelque douleur secrète,
Versez-la dans mon sein : je sais être discrète.

XVI

Bien des princesses de renom
Se sont fait honneur de mon nom ;
Du Christ je tiens mon origine :
— Il réside en moi, me domine.
— On voit chez moi de nombreux souverains
Français, Anglais et d'Allemagne ;
Et l'un de ces derniers a rang parmi les saints.
— Un bon chien toujours m'accompagne ;
— J'ai de plus un petit serin ;
— Je suis hospitalière et souffre le crétin :
Nul ne me paraît plus à plaindre.
— Des voleurs je n'ai rien à craindre :
De sa niche Médor garde bien mon logis ;
— Chez moi règnent, sinon les jeux, du moins les ris,
— Et dans mon terrain je cultive
Certaine plante purgative,
Qui rend à plusieurs la santé ;
— Mais il faudra subir la crise
Après laquelle elle est promise.
— Les abeilles chez moi vivent en liberté ;
Je ne tiens pas au miel, je recueille la cire ;
Avec peu je sais me suffire.
— Je suis riche pourtant, — et le brillant écrin
Qui m'est légué par mon parrain
A plusieurs pourrait faire envie :

Je ne place pas là le bonheur de la vie.
— Je me fais remarquer surtout par mes écrits,
— J'intéresse par mes récits ;
— Par eux je vous conduis en Chine,
— A l'Irtisch, — comme aux bords ou du Cher ou du Rhin ;
— Passant par Nice — ou Néris en chemin.
— Mais gardons-nous de la trichine,
Parasite odieux, fléau du genre humain !
— Toujours douteux est le jour de demain ;
Je vous parlerai d'hier, si plein de souvenance ;
S'il n'est plus, il nous a légué l'expérience :
C'est beaucoup pour celui qui sait en profiter.
A ces divers discours je pourrais ajouter,
Mais des choses n'ayant rien qui nous intéresse.
Le conseil de Boileau secondant ma paresse,
— Aussitôt qu'à chacun j'aurai donné le sien,
— Il ne me reste plus qu'à tracer le mot rien.

XVII

Sur six pieds, de Lutèce étant premier pasteur,
Je fus victorieux d'un fléau destructeur.
— Mais de mon cœur faites ma tête ;
De ma tête faites mon cœur,
Je deviens le séjour d'un antique prophète.
— Sur quatre pieds, vois en moi du Sauveur
Un interprète, ainsi qu'un disciple de Pierre.
— Sur cinq, quelquefois douce et plus souvent amère,
Ma source est toujours dans le cœur.
— Sur trois pieds, j'anime ton être
Depuis ton premier souffle à ton dernier soupir ;
Du néant le Ciel m'a fait naître,
Et je ne dois jamais mourir.

XVIII

Souverain ou prélat, je porte un nom illustre
Que gloire ou sainteté revêtent d'un grand lustre :
— En le décomposant on trouve une cité

Célèbre et curieuse en son antiquité ;
— Un véhicule ancien ; toujours cher au poète,
Et qui jusques aux cieux emporta le prophète ;
— D'Espagne une monnaie ; — un vêtement anglais,
Mais naturalisé depuis longtemps français.
— Un volcan de l'Islande ; — une bonne déesse ;
— Les patrons du foyer, à Rome ou dans la Grèce ;
— Puis un département ; — puis un grand amas d'eau ;
— Ce qui contient le lest nécessaire au vaisseau ;
— L'agrément de l'esprit et de l'art culinaire ;
— La demeure du nègre ; — une mesure agraire ;
— L'animal aux abois que poursuit le chasseur ;
— La carte décidant le destin d'un joueur ;
— Ce qui brunit le teint, mais le rend plus robuste ;
— L'objet qu'avec amour couve l'avare injuste ;
— La postérité, chère aux nobles, aux bourgeois,
— Et l'onction divine, apanage des rois ;
— Un frère de Joseph, jaloux de son mérite,
Chef d'une des tribus du peuple Israélite ;
— Cherchez si vous voulez ce fameux dictateur,
Qui, n'osant être roi, voulut être empereur ;
— Mais je vous garde encore un assuré refuge
Contre les flots amers d'un menaçant déluge ;
— L'arme puissante aux mains des bons humiliés :
Tel le fils des martyrs par lui glorifiés.

XIX

Sans que je sois pomme ni poire,
On rencontre un pépin chez moi :
On peut en voir aussi dans notre histoire,
Et le troisième eut le titre de roi.
— Je rappelle encor plusieurs princes,
Outre les ascendants et le fils de Martel :
Le plus grand aux Anglais a repris des provinces.
Après vint le Hardi ; le suivant fut le Bel...
J'en citerais encor, car l'histoire en abonde.
— Que viens-tu faire ici, pipe nauséabonde ?

Tu domines partout; vraiment, c'est odieux;
On ne reconnaît plus l'esprit de nos aïeux !
— Il est pourtant encor quelque noble figure :
Tel l'auguste captif, digne et fort sous l'injure ;
— Apôtres et savants, remontant le vieux Nil,
Dont la source est mystère, et le parcours, péril ;
— Aux champs armoricains, où croît la fleur bleuâtre
Dont on file la tige, au soir autour de l'âtre,
— N'ayant pour tout flambeau qu'un bâton résineux
En écoutant ballade ou récits merveilleux ;
— Humbles sont les habits ; mais le rustique ouvrage
Fournira la corbeille au jour du mariage,
Ou l'on en tissera la nappe de l'autel
Qui réunit le peuple en un jour solennel,
Autour du Bon-Pasteur, hôte des tabernacles :
Oui, ce sont encor là de consolants spectacles.
— Aimez-vous l'industrie, officine d'argent ?
De l'électricité je vous offre l'agent.
— Mais ne négligeons pas un souvenir classique :
De savoir mes anciens quelque peu je me pique;
Je dois vous présenter et l'oncle et le neveu ;
Hommes de bien, savants.... Que n'ont-il connu Dieu !
Sans la foi peu de chose est la philosophie !
— Finissons par un mot sur la géographie :
     Un archipel lointain porte mon nom ;
Magellan à l'Espagne en avait fait le don :
Point de climat plus beau, de terre plus fertile !
— De tout cela pour moi je ne retiens qu'une île,
Celle qui vous plaira : Mindanao, Luçon.....
Lecteurs, mes jeux d'esprit valent une leçon.

XX

Couronne des vertus, aimable nom de femme,
J'indique vrai courage et fermeté de l'âme ;
— On rencontre chez moi deux célèbres Romains,
Deux sages, si l'on veut (ils n'étaient pas chrétiens);
Des païens peuvent-ils vraiment s'appeler sages ?...

— Une réunion de bourgs et de villages ;
— D'Haydn ou de Mozart quelque partition ;
— Un instrument de guerre et de destruction,
Inconnu des héros d'Homère et d'Arioste ;
Inventé, toutefois, un siècle avant la poste,
Le nouveau monde, et l'art fécond, mais dangereux,
Qui fixe la pensée et l'offre à tous les yeux.
— Je nourris dans mon sein deux animaux bibliques,
Le père et son petit, serviteurs domestiques,
Qui, depuis Bethléem jusqu'au jour des Rameaux,
Sur l'échine ont porté le plus saint des fardeaux.
— Je vous invite encore à la riante fête
Que le Christ et sa mère ont su rendre parfaite ;
— Ferme appui, je soutiens l'infirme, le vieillard,
Et je défends vos jours parfois avec un dard ;
— Pour instruire ou charmer la jeunesse frivole,
Je voile des leçons sous mainte parabole ;
— Ou, sentence, on me rime, afin de me graver,
Dans l'esprit oublieux qui doit me conserver.
— Vous trouverez chez moi du nègre la demeure,
— Ce qui de Rabelais fait le mauvais quart d'heure,
— Le fer d'une charrue, — un poids assez léger ;
— Un fondé de pouvoirs, du Pape messager ;
— Ce qui fait la musique autant que la mesure ;
— Des basses-cours enfin la rustique pâture.
— Mais n'est-ce pas assez de choses dans un nom ?
Faut-il chercher encor ?... Que répondez vous ? — Non.

XXI

J'ai pour homonymes deux saints
Auxquels fut dès longtemps dédiée une église,
    Qui dans Paris se trouve assise
Vers le centre et non loin des vieux quartiers latins.
    D'après mon nom, mon caractère
    Semble empreint de sévérité :
Etre sévère à point ne devrait pas déplaire ;
— D'ailleurs, on voit chez moi des traces de gaîté.

— Une serve avec moi n'est pas trop malheureuse,
   Car elle ne manque de rien.
— Outre l'eau de la Seine, — on a chez moi du vin;
— La rive n'est pas loin : tant mieux pour la laveuse
   Et pour qui veut prendre des bains.
— Puis j'offre à vos regards la mère des humains;
   — Comme elle je donne la vie,
  — Je ne suis pas à l'abri de l'envie;
— Cependant on me voit toujours un air serein;
— Mes rêves sont heureux, — et j'ai le vers facile;
— Aussi la sève abonde — et ma veine est fertile;
— Mais ôtez-moi mon cœur, je ne suis qu'un serin;
— Ou mes extrémités, je rampe sur la terre,
   — Pour me reconnaître, j'espère
   Qu'il ne faut pas être devin.

XXII

Très joli, tout mignon, mon nom tient peu de chose :
— On recueille chez moi l'anis à haute dose;
— Puis un célèbre vin de champagne mousseux;
— Du moins rien n'est plus sain, si ce n'est plantureux.
— L'as de carreau, de cœur, ou de trèfle, ou de pique,
A défaut d'autre atout, rend mon jeu magnifique :
C'est là tout mon avoir. — Mais quand je prends le thé,
Je parais tout d'abord brillante de santé;
— Pourtant je dois lutter contre un hôte incommode
Qui dans mon estomac s'est introduit en fraude.
— On voit couler chez moi le Tésin, — le Tanis,
— Et le Don, autrement appelé Tanaïs.
— Je porte dans mon sein un volcan qui fermente;
— Le diable y montre aussi sa face grimaçante.
— Cependant d'une sainte en moi j'ai l'élément :
Mais le succès final ne s'obtient qu'en luttant.
— Je fréquente d'ailleurs très haute compagnie :
Du sénat l'assemblée est ici réunie.
— Elégante au besoin je me vêts de satin,
— Tout en m'accommodant de vaisselle d'étain.

— Enfin, voici Thaïs, célèbre pénitente ;
— Sita, dont la légende indienne est touchante...
— Minerve est ma marraine, et j'ai l'un de ses noms :
On fait des temples saints avec des Parthénons !

XXIII

Bien que mon nom rappelle un empereur païen,
    Il est devenu très chrétien :
J'ai des patrons inscrits dans le martyrologe ;
Je n'entreprendrai pas d'en répéter l'éloge ;
        Sans doute Bollandus l'a fait.
      — On trouve en moi l'accord parfait,
      Condition de l'harmonie ;
— Puis, en me divisant, je donne aussi la vie ;
      — Le vice naît en même temps ;
      A le combattre je m'entends ;
— J'ai recours au travail : ménagère intrépide,
Je remplis la maison de poudre insecticide ;
— Je prépare un civet, — et, dans la basse-cour,
— Je nourris un oiseau qui doit rôtir au four ;
— Je préside à la cave, — et toujours je fais vite.
— Quoique femme, j'ai droit de vote, et j'en profite ;
      Si les choses vont mal tantôt,
— Je puis me réserver d'y mettre mon veto ;
        — Et, si vous cherchez votre voie,
— Je puis vous y guider en montrant Sainte-Avoie :
— Dans les réunions, si je ne fais écho,
Je suis bien accueillie en payant mon écot.
        — En poursuivant ce coq-à-l'âne,
      Je parviens jusqu'au mont OEta ;
      — Qu'on l'approuve ou qu'on le condamne,
Je n'en pourrais rabattre un iota.

XXIV

Mon nom si doux, si pur, rappelle des douleurs ;
Sur lui plus d'une fois on a versé des pleurs :
C'est d'abord une enfant par son père égorgée

Avant qu'en son honneur il la voie outragée ;
Puis une vierge encor, modèle de pudeur,
Choisit la mort plutôt que d'en ternir la fleur.
Qui de nous n'a gémi sur cette fin tragique !...
— Pour homonyme aussi j'ai l'Etat d'Amérique
Où croissent le tabac et l'or et le coton,
Et que par sa naissance illustra Washington.
— Mon champ est bien restreint, mais toutefois la vigne
S'y déploie à l'abri d'influence maligne ;
— Ses fruits sont excellents : généreux est mon vin ;
Il ranime le cœur, dissipe le chagrin.
— L'intempérance, hélas ! trop souvent en abuse :
Loin de moi je ne puis rejeter cette intruse,
— Et, malgré ma colère, il me faut supporter
Cet hôte répugnant ; je ne puis l'éviter.
— L'eau ne saurait manquer : je suis près de la rive.
— Parfois dans les roseaux je capture une grive.
— Vous trouverez chez moi le petit animal
Fournissant les tissus qui vous parent au bal.
— J'ai mes splendeurs aussi : quand le givre étincelle
Comme des diamants dans la verdure frêle,
Vos bijoux, au salon, n'offrent pas plus d'éclat
Que sur le velours vert ce semis délicat.
— Je ne crains ni voleur, ni traître, ni rebelle,
Car toujours avec moi veille la sentinelle.
— Je voyage parfois, même en pays lointain,
J'ai côtoyé les bords d'un grand fleuve africain ;
— Et puis j'ai visité cette terre celtique,
Martyre de sa foi sous un joug tyrannique.
— Je vais tantôt à Vire — et tantôt à Gien.
— Mais après tout cela que me reste-t-il ? Rien.

XXV

Victor Hugo nous a dit que des fanges
En lui luttaient avec des firmaments :
Plus heureuse, je suis ce dont sont faits les anges
— Bien qu'on trouve chez moi toutes sortes de gens ;

— On y compte un de ceux que l'on appelle sages;
— Je supporte le poids des ans;
— Que dis-je? j'enfante les âges!
— Mon nom est honoré du baptême de sang;
— Et, pour vous parler sans ambage,
Il offre un type saint, pur, doux et ravissant,
Qui du Ciel de bonne heure a conquis l'héritage.

XXVI

Ma patronne, vierge et martyre,
Mourut pour l'amour du Sauveur;
En elle surtout on admire
Entr'autres vertus la douceur.
Comme elle, avec l'agneau j'ai quelque analogie :
— L'ange, — ou le sage, en moi tour à tour vient s'offrir;
— Dans mes membres enfin circule avec la vie
Le bon sang qui ne peut mentir.
— Renversez-moi, je tombe en bas de votre jupe;
Au corsage, au chapeau parfois aussi j'occupe
Ma place entre maint ornement.
J'en dis trop, vous m'avez nommée assurément.

XXVII

Quoique mon saint patron soit parfait catholique,
Peu s'en faut cependant qu'il ne fût hérétique;
Et moi, tout comme lui, je porte dans mon cœur
Ce qui nous garantit d'une si triste erreur.
— De mes possessions faites-vous la revue,
Le vide tout d'abord afflige votre vue;
Mais toutefois persévérez :
Cherchez bien et vous trouverez.
— Le paradis terrestre existe en mon domaine;
— Ce qu'on y voit encor c'est une souveraine
— Et son homophone lapon,
Qui fournit quelques mets; — j'ai d'ailleurs un poisson,
— Et je pourrais offrir un repas bien solide
Pour l'estomac à jeun, de nourriture avide.

— Si chez moi vous voulez amuser vos loisirs,
Vous y trouvez aussi matière à vos plaisirs :
D'abord, un champ de course où l'on lutte avec gloire,
— Et puis deux avortons que l'on montre à la foire ;
— Un endroit où la mer offre peu de dangers ;
(Il est bon néanmoins de savoir bien nager.)
— Un animal qui sert aux humbles de monture;
— La demeure de l'aigle à la large envergure,
   — Et l'abri du petit oiseau ;
— Ce qui calme l'enfant, pleurant dans son berceau;
— Un parfum sur Jésus versé par Madeleine;
— Cent mètres de terrain; — de la monnaie, à peine;
   — Ce qui préoccupe l'esprit
   Et tout doucement y mûrit ;
— J'offre d'ailleurs chez moi le bizarre assemblage
   De plus d'un fameux personnage.
La fille de Latone, — et celle de Lia;
— Un compagnon du Christ ; — un frère de Juda ;
— Une vierge qui fut apôtre en Géorgie,
Ses vertus de sa foi faisant l'apologie;
— Du Sauveur la grand'mère, ayant donné le jour
A la céleste Reine, objet de notre amour;
— Enfin de l'Orient certaine impératrice,
Veuve de Léon IV et de son fils tutrice :
Son règne eut de l'éclat, mais finit tristement.
Un crime le ternit; il eut son châtiment.
— Puis un prince d'Anjou, de Lorraine et Provence,
Et dont le souvenir est resté cher en France.
— Vous pouvez voyager sans sortir de chez moi :
Je renonce à citer les lieux que l'on y voit.
— Ne vous étonnez pas si je montre une ride,
— Car une aînée en moi vous conseille et vous guide.
— Je marque aussi les temps, — et c'est chez moi que gît
Le point le plus lointain, lecteur, de ton zénith.

XXVIII

Vous m'avez déjà vue (1) : aux villes, aux campagnes
On me connaît partout ; plusieurs de mes compagnes
Reconnaîtront leurs noms, enchassés dans le mien,
      Comme perles dans un écrin ;
— Leur valeur cependant n'est point matérielle :
Chez moi l'on voit plutôt la laide que la belle.
J'ai neuf pieds, j'en avais un de plus autrefois :
(Le mieux peut nuire au bien, souvent l'on perd au change);
— L'aigle majestueux, — l'humble gland de nos bois,
— Le gain, — le docte mage — et le génie et l'ange,
Se rencontraient chez moi par un bonheur étrange.
— En m'ôtant le docteur, maître en l'art de guérir,
— On m'a laissé le mal qui me faisait souffrir.
    — Heureusement, il me reste encor l'aile,
— Et l'âme, qui s'élève à la voûte éternelle,
— Et l'élan généreux, accélérant son vol,
— Mais, hélas ! le lien dont gémissait saint Paul !...
— Quels que soient mes regrets, l'Eden en moi réside,
— Et je recueille encor quelques rayons de miel ;
— Pour le petit oiseau, près de ma lande aride,
— J'ai le doux nid, — le mil, grain providentiel;
— Pour vêtements le lin — et de l'agneau la laine ;
— Pour chausser mes pieds nus, du cordonnier l'alène ;
— La lime qui polit, — la lame au fer tranchant,
— Et la mine d'argent, d'or ou de diamant.

XXIX

    Mon nom est suave, il embaume :
      — On peut en extraire un arome,
      — Et la nourriture des dieux ;
— Deux substances, parfum ou bijou précieux ;
— La fleur, de la beauté l'emblème et la parure,
— Et l'arbre qui nous prête un abri de verdure ;

(1) Voyez parmi les énigmes.

— Deux étoffes, servant, Madame, à vous vêtir ;
— Un lot gagnant, jadis pouvant vous enrichir ;
— Ce qui nous suit toujours, symbole de constance,
Compagne dérisoire ! hélas, sans consistance.
— La courbe décrivant d'un astre le parcours,
— Et l'heure du repos de la vie ou des jours.
— Je puis encore offrir une retraite ombreuse,
— Et la ville éternelle, entre toutes fameuse ;
— Ou la cité divine ; — un apôtre ; — un poisson ;
— Une arme ; — un mois béni ; — les restes d'un tison ;
— Celui devant lequel l'un à l'autre on se lie,
— Et le plus beau des noms, le doux nom de Marie ;
— Puis celui d'un grand saint, la gloire de Milan.
— En mon cœur est un roi ; — je sais faire un roman ;
— J'offre aux navigateurs une anse naturelle
Où les vents, comprimés, respectent la nacelle ;
— Chez moi vous trouverez abondance de bien ;
— S'il faut se modérer, prenez moins, — même rien.
— J'abrège donc, lecteur, ma longue kyrielle,
Et laissant de côté plus d'une bagatelle,
Je m'arrête à la borne — et reste à la maison.
— Chez moi l'on voit toujours la rime et la raison.

XXX

Ma meilleure moitié, le plus grand des docteurs,
Fait la gloire d'un nom dont il est la racine.
— Une veuve romaine, ayant même origine,
Brillant d'un pur éclat partage ces honneurs.
— De mon côté, je puis, bien qu'étant plus obscure,
Offrir le corps opaque et pourtant lumineux
Que, pour nous éclairer dans les temps ténébreux,
Créa le prévoyant Auteur de la nature.
— Aisément je me prête à former un lien ;
— D'ailleurs je puis suffire au modeste entretien
De qui sait se borner au juste nécessaire ;
Les affamés chez moi peuvent se satisfaire :
Vous trouvez l'aliment simple et plein de saveur,

Entretenant la vie et donnant force au cœur;
— Un mets assez commun, régal des jours de fête
Lorsque les pauvres gens se mettent en goguette;
— Ce que le clair ruisseau peut offrir pour boisson,
— Et même pour dessert un petit fruit mignon;
— Pour parure le lin — et les fleurs de la plaine,
— Et la chaude toison de mes bêtes à laine;
— De l'électricité j'offre l'agent actif,
Et l'industrie en moi trouve un auxiliaire.
— J'ai l'arbre qui fournit de flambeaux la chaumière,
Le mât du grand vaisseau, celui du frêle esquif.
— Pour arroser les champs je procure la pluie;
— Mais, par malheur, du vin je n'aurais que la lie...
— J'expose ce qu'il faut, avant toute œuvre d'art,
Mûrir, si l'on ne veut travailler au hasard.
— Voici l'humble animal portant la Vierge-Mère,
— Un hôte des forêts, à la course légère;
— Une plante flexible, — et le dieu des troupeaux,
Faisant retentir l'air de ses doux chalumeaux;
— Le fleuve dont la source est encore un problème;
— Un royaume de l'Inde, à sa limite extrême,
Près des monts du Thibet et de l'Himalaya,
Où le pied des Anglais trop longtemps s'appuya.
— Voulez-vous visiter plutôt les deux Nauplie
— Ou jeter un regard sur l'antique Apulie ?...
— Ou le berceau d'un roi...? Dans leur variété,
Qui dira tous les fruits de ma fécondité?...
— Avec un pied de plus, je serais la barrière,
De trois peuples voisins naturelle frontière;
— Ou je vous ferai voir la ville au golfe bleu
Que menace un géant aux entrailles de feu,
— Et je rappelle enfin le savant téméraire
Qui périt en voulant explorer ce mystère.

XXXI

Sans que je sois ni méchante ni folle,
Mon principe et ma fin vous offrent le pétrole;

C'est à l'ordre du jour. — J'engendre le péril,
— Et la peine, — et la lèpre, — et l'animal subtil
Dont le ciel mit la haine au cœur de toute femme
Qui n'a point perverti les instincts de son âme.
— Un noble quadrupède en moi réside encor ;
— Même l'on y rencontre une perle — et de l'or ;
— Et je pousse le cri d'une bonne nouvelle,
Annonçant gloire aux cieux, à nous, paix éternelle,
Pourvu que nous soyons de bonne volonté.
— Je fais briller l'étoile au regard attristé.
— Sur moi ne portez pas un jugement sévère,
Mais en moi vénérez une fille de Pierre.

XXXII

A Lyon, mon patron fut pontife et martyr,
Et, dans le sang noyée, on y vit refleurir
La foi, qu'en vain Sévère espérait voir éteinte ;
De ce sang généreux la ville encore empreinte
Garde fidèlement un si noble trésor,
Et plus d'une œuvre sainte y germe, y prend essor.
— Si vous m'ôtez un pied, l'on me voit souveraine
Du trône d'Orient et la contemporaine
De Charlemagne, à qui j'ai failli m'allier:
C'eût été sous nos lois unir le monde entier.
— J'ai d'ailleurs dans mon nom l'étoffe d'une reine;
— Fille de Louis XII et duchesse italienne,
Je suis la belle-sœur du grand François premier ;
Mon gendre, duc de Guise, illustre un nom princier.
— Puis apparaît un roi d'un esprit excentrique,
Grand amateur des arts, très bon, très magnifique ;
Père de Marguerite, à qui son faible époux
Laissa d'un sort cruel supporter tous les coups ;
Enfin, la rose rouge, avec elle expirante,
A dû céder devant la blanche, triomphante.
— Rappellerai-je encor de l'Océan un fils
Et dont la mère était la déesse Thétis ?
De sa femme Doris il eut cinquante filles :

Exemple assez fréquent alors dans les familles.
— Puis, nommons pour conclure un grand héros troyen,
Par Virgile chanté. — Que nous reste-t-il ? Rien.

XXXIII

De deux sexes, je suis un hardi cavalier,
    Comme une amazone virile ;
— Et je puis devenir encor pilote habile ;
— Puis, petit bâtiment, léger et fin voilier ;
    — Un mollusque fécond, faisant souche d'une île
Ou fournissant matière à quelque beau collier ;
      — Un esclave en la Laconie ;
— La loi qui l'affranchit et doit être bénie ;
— Ce qui donne l'éclat au marbre, au diamant ;
— Un tissu dont le lin a donné l'élément ;
— Un beau poil, composant ma barbe et ma moustache ;
— Ma pipe — de mon front fait détendre le pli ;
— Sous cet imbroglio, cherchez ce que je cache,
Ce que vous trouverez c'est un type accompli.

XXXIV

    Scandinave est mon origine :
    Dans la Suède je régnai ;
    Mais, voulant vivre en pèlerine,
    De mon pays je m'éloignai ;
    Rome et ses grandes basiliques
    M'attiraient, comme les saints lieux.
    On glorifia mes reliques
    Quand je pris mon vol vers les cieux.
    Recueillez aussi des parcelles
    De mon nom, toujours vénéré ;
    Ce sont comme autant d'étincelles
    Qui jaillissent d'un feu sacré.
— De noble race issue et possédant un titre,
    Je suis digne d'un tel honneur,
(Que n'a point dédaigné Jésus, l'humble Sauveur).
    Mais brisons-là sur ce chapitre.

Tige à mon tour, j'ai de mon sein fécond
Fait surgir une fleur, une fille d'élite ;
　　Sa gloire avec la mienne se confond ;
— Au pauvre, à l'exilé, nous procurions un gîte ;
(Avis aux malheureux qui nous invoqueront).
— A tous pays d'ailleurs on me voit secourable :
Soit aux rives du Tibre, — ou soit aux prés fleuris,
Paissant de gras troupeaux, très voisins de Paris...
— Et de mets giboyeux je puis fournir la table :
　　Pour le tir j'ai l'œil avisé ;
Qui s'en serait douté, voyant mon air paisible ?
— Bien mieux : je mène en laisse un tigre apprivoisé.
Convenez-en, lecteur, rien ne m'est impossible.

XXXV

Si mon nom fut celui de mainte souveraine,
— On trouve encore en moi l'étoffe d'une reine,
— Relevant ses attraits par un brillant écrin.
— Un mauvais sentiment domine dans mon sein ;
L'en arracher, hélas ! ce serait me détruire...
Faisons le taire. — En moi paraît un grand empire ;
— Trois animaux, connus pour être peu d'accord ;
— De l'un d'eux la demeure ; — un moyen de transport ;
— Un poète classique ; — un grand arbre ; — une ville
Dont le climat convient à la santé débile ;
— La bouche d'un volcan ; — un instrument de mort ;
— L'accident qui, parfois, résulte d'un effort ;
— Un fluide volatile ; — une pierre calcaire ;
— D'un vaisseau la charpente ; — une mesure agraire ;
— De laine un chaud tissu ; — de l'abeille un produit,
Eclairant de splendeurs les ombres de la nuit ;
— Le lien du fagot, fatal à la sorcière ;
— Le sel auquel on doit la substance du verre ;
— Ce dont bien rarement on connaît le premier,
Et peu souvent on aime à se voir le dernier ;
— La souillure qui peut ternir le corps ou l'âme,
— Et le rude tissu qu'un pénitent réclame ;

— L'être incomplet que, seule, une mère chérit :
Ne le repoussez pas, car le Ciel le bénit;
— L'asile du proscrit sans feu ni lieu sur terre ;
— Du tigre ou du lion, dans les bois, le repaire ;
— Le nid de l'aigle altier; — l'animal patient,
Méprisé, mais utile ; — un poisson peu friand...
Continuerai-je encor cette nomenclature ?
Si je m'y laisse aller, mais toute la nature
Y passera, vraiment ; c'est l'arche de Noé ;
On en pourrait peupler l'île de Crusoé :
— Car nous trouvons ici l'ancre de sauvetage ;
— La nacre que le flot vient porter au rivage ;
— Le char du conquérant; — la charte des vainqueurs.
— Une chaîne, soit d'or, ou de fer, ou de fleurs ;
— Le rien, auquel le goût sait donner une forme,
Quand, sous vos jolis doigts, lectrice, il se transforme;
— Le cri de la douleur ; — l'air au refrain joyeux;
— L'art; lequel? le plus beau, celui de rendre heureux ;
— Le jour d'hier qui fuit, — et l'encre indélébile,
Fixant sur le papier la pensée indocile,
Léguant à l'avenir erreur ou vérité....
— Assez : pour dernier mot inscrivons : *charité*.

XXXVI

Entre les saints qu'en l'Eglise on admire
Et qui sont honorés d'un culte solennel,
Ma patronne n'est pas une vierge martyre :
 Plusieurs chemins peuvent conduire au ciel.
  Pour la femme être épouse et mère,
  C'est là le sort le plus commun ;
 Mais celle-ci, chose extraordinaire,
Fut deux fois mariée en sa sainte carrière.
  Deux maris !... c'est souvent trop d'un.
Deux fois également elle fut souveraine ;
Dans un esprit de foi portant sa double chaîne
 Et son royal bandeau d'épines et de fer,
Le devoir fut sa règle et lui fut toujours cher.

— De mon nom noble est la racine
Aussi dois-je être noble et d'esprit et de cœur ;
　　Sans cela, de peu de valeur
　　Est la noblesse d'origine.
— Retranchez ma coiffure et décapitez-moi,
Aux frivoles regards je cesse d'être belle ;
Mais aux yeux éclairés par un rayon de foi
N'ai-je pas la beauté de mon âme immortelle ?
— Et n'est-ce pas ainsi que la sœur de Rachel
　　De son époux vainquit l'indifférence ?
Aïeule du Messie, elle eut sa récompense
Dans ce titre, envié des femmes d'Israël.
　　— Mon assistance est assurée
　　Aux besoins comme à la douleur :
　　C'est une mission sacrée ;
　　S'en acquitter c'est un bonheur.
　　— Un labyrinthe en mon domaine
　　Pourra vous intriguer un peu :
　　C'est un plaisir plus qu'une peine,
　　Car il ne s'agit que d'un jeu.
— Je vous présente encore, ô lecteurs ou lectrices,
　　Un magistrat de la cité
　　Qui restaure ses édifices
　　Ou veille à sa sécurité.
　— Dans notre siècle à l'esprit réaliste,
　　A l'art comme aux lettres fatal,
J'ose faire un appel au poète, à l'artiste,
Car ils pourront en moi rencontrer l'idéal.

XXXVII

　　De deux noms le mien se compose :
　　Les deux plus vénérables noms
　　Qu'à nos respects la foi propose
　　Entre ceux d'illustres patrons.
— Mais mutilez mon cœur et retranchez ma tête,
　　Combien différent est mon sort !
　　Arrachant un homme à la mort,

Je crus que son amour acquitterait sa dette :
>Pour lui je quittai mon pays,
>Pour lui j'abandonnai mon père....

Le traître me laissa sur une île étrangère,
>Vouée aux larmes, aux mépris !...

Un pieux repentir eût réparé ma chute,
D'un jugement sévère adouci la rigueur ;
Mais non : tombant plus bas, je descends vers la brute
En acceptant Bacchus pour mon consolateur.

— Puis, j'offre un autre nom, de nature perverse,
Qui personnifiait le principe du mal ;
>Dieu dans lequel l'antique Perse
Du principe du bien croyait voir le rival.

— Chez moi vous trouverez encore un hérétique,
Dont le chef à Nicée est jugé sans réplique.

— De moi pourrait aussi bien naître un avorton...
Eh quoi ! ne puis-je donc rien produire de bon ?

— Si, vraiment : je contiens un aliment céleste,
Présentant tous les goûts ; prodige manifeste
De la bonté divine en faveur d'Israël :
Gage d'un don futur qui rend l'homme immortel.

XXXVIII

>Je suis *très belle*, ou bien *très beau*;

Mon origine est grecque, obscur est mon berceau ;
Plus tard en moi l'on voit une artiste martyre ;
>Un Pape, chez les saints, sous mon nom vient s'inscrire.

— Par moi-même d'ailleurs j'ai toujours de l'éclat,
On le voit à travers un voile délicat ;

— Sans tête et moins deux pieds, je suis femme célèbre ;

— Ou bien cité gauloise, au sort jadis funèbre ;

— Dans mes membres épars on entrevoit le ciel,

— Ou des matériaux pour construire un castel ;

— S'agit-il d'un vaisseau, j'en fournirai la cale,

— Et le lest que requiert la manœuvre navale ;

— Tout sera, grâce à moi, surmonté d'un tillac ;

— A défaut de la mer je puis tenir le lac ;

— Ainsi que Robinson je possède mon île ;
— Sur la terre et sur l'eau je vous donne un asile ;
— Je puis vous promener dans un site enchanteur,
— Où se mêle au lilas — le lis, royale fleur ;
— Mon hospitalité pourtant est bien rustique :
Je vous offre une case et non un beau portique,
— Un lit pour reposer, — pour aliment du lait,
— Puis une caille, — prise à l'aide d'un lacet ;
Car à toute arme à feu je suis très étrangère ;
— Et pour chasser la laie — un lacs m'est nécessaire ;
J'en fais usage aussi. — Qu'ai-je encor dans mon sac ?
— Une taie : au besoin on en fait un hamac ;
— Une monnaie, ou poids, chez les Juifs en usage ;
— Ce qui sert quelquefois à défaut de vitrage ;
— Un acte d'une pièce, — et voulez-vous la voir ?
Vous offrir une stalle est bien en mon pouvoir ;
— Mais si vous aimez mieux la salle de famille,
Où l'on cause, où l'on joue, où l'on danse un quadrille,
— Je vous invite encor à vous y réunir ;
Il vous en restera plus d'un bon souvenir.
— J'ai tête et pied de trop pour compléter ma taille,
— Des ailes m'élevant plus haut que la volaille ;
— Je suis de noble caste ; — et de mes facultés
La liste ici se clôt, si vous le permettez.

XXXIX

Parmi mes patrons, j'ai des rois
Et des saints de divers emplois :
Puissé-je, cliente fidèle,
A leur école alimenter mon zèle !
— Mais comment détailler mes cent divisions ?
(Soit dit sans hyperbole), et pourtant essayons :
J'ai des droits sur le Nil, — les Alpes — et le pôle,
— La Laponie aussi... faites en le contrôle.
— Nommerai-je Sion, — Alep — et Siloé,
— Naples, par le soleil si richement doué,
— Pise, — Nole, — Palos, — et Pola — puis Salone,

— Enfin la Seine, — et l'Oise, et l'Isole, et la Saône?
Je ne puis qu'indiquer, malgré mes vifs désirs,
Ces lieux, à tous égards si pleins de souvenirs.
— Parmi tant de climats la faune est variée :
Vous trouvez le lion, — et l'élan — et la Iaie,
— La hase, — le lapin, — et l'oie — et l'âne enfin.
— En fait de végétaux, vous rencontrez le pin,
— Le sapin, que le Nord fournit en abondance ;
— Puis les riants trésors qu'un plus doux ciel dispense :
L'aloès, — le nopal, — la liane, — le lis,
Forment des parcs charmants, de leurs fleurs embellis ;
— Et voici des épis, — des pois, — du lin bleuâtre,
— L'ail, — le sel, condiments suspendus près de l'âtre,
Et dont la cuisinière assaisonne ses mets :
S'en servir à propos voilà tous ses secrets.
— La mer fournit l'alose, — et la plie, — et la sole :
Voilà de quoi servir et friture et rissole,
Valant mieux que poissons pris en étang croupi ;
— Pour dessert je vous offre une pomme d'api,
— Et les nombreux troupeaux qui paissent dans la plaine,
Promettant des rôtis — tout en donnant leur laine.
— J'ai de la soie aussi, — même quelques bijoux :
L'opale en fait les frais ; — j'en prends un soin jaloux.
— Parlons mythologie, et voyez apparaître
Le dieu Pan, — et Palès, la déesse champêtre ;
— Pélops, fils de Tantale ; — Eson, tout rajeuni ;
— L'atroce Pélias, cruellement puni ;
— Pélion, écrasant Briarée, Encélade,
— Et Sapho, s'élançant du rocher de Leucade.
— Mais si vous préférez des noms plus sérieux,
En voici quelques-uns qui vous sautent aux yeux :
C'est Enos, fils de Seth ; — Noé, peuplant le monde ;
— Lia, sœur de Rachel, et plus qu'elle féconde ;
— C'est le grand prêtre Héli, maître de Samuel ;
— Ce sont les souvenirs du grand jour de Noël ;
— Pline, oncle, et jeune ; — Ali, qui veut dire sublime ;
— De saint Léon le Grand le nouvel homonyme ;
— Le maréchal Niel ; — puis Inès de Castro

Que sa beauté fatale a vouée au bourreau,
Epouse de don Pèdre, et morte assassinée ;
Son époux l'exhuma pour la voir couronnée.
— Iona, lieu d'exil du doux saint Columba,
Qui livrait à son cœur le plus rude combat.
— Si vous voulez parler de choses usuelles,
J'en suis aussi pourvue, et des plus actuelles :
Un salon, — un sopha, — de plus un piano,
Répétant Rossini, Mozart, Auber, Gounod.
— Avez-vous par la soif la bouche tourmentée ?
Un siphon d'eau de Seltz est à votre portée.
— Avez-vous un enfant à mettre en pension ?
— Je puis vous l'indiquer, et tiens tout prêt le pion.
— Le pauvre chez moi trouve et le pain — et l'asile,
— Le phénol, — le salep, pour l'estomac débile.
— Mon écu n'a pour champ ni gueules, pourpre, azur,
Non plus qu'or, sable, argent ; mais le sinople pur
— Traversé par un pal. — Avec mon œil unique
— Je vois loin, — et je lis la loi, que je pratique.
— La haine peut entrer dans mon cœur insulté,
Mais jamais mon courroux ne s'est manifesté ;
— Et, du calice amer gardant pour moi la lie,
— Avec bons ou mauvais je me montre polie ;
— Et la plaie au dedans peut quelquefois saigner
Sans que jamais la paix ait cessé de régner.
De ce que j'ai de plus, lecteur, je vous fais grâce,
— Car trop longtemps je pose et peut-être vous lasse.

XL

Dans le siècle cinquième, on voyait ma patronne
Orner de ses vertus la ville de Vérone.
    Mon nom indique un caractère égal,
Sans s'émouvoir prenant et le bien et le mal ;
    Non point par molle indifférence,
Mais parce que sur nous veille la Providence.
— Si je porte une plaie incurable en mon cœur,
— On contemple du ciel dans mes traits la douceur.

— Dans mon zèle empressé tout besoin trouve une aide ;
— Constamment en faveur des malheureux je plaide ;
— Je ne néglige rien et partout je prends pied :
— Pour qui souffre du froid je sais trouver un plaid ;
— A qui n'a point d'emploi je procure une place....
Et j'arrive à mes fins par une sainte audace.
— On ne s'aperçoit pas si j'ai peu de beauté :
Rien n'embellit comme la charité.
— Puis de littérature alimentant ma veille,
Je prends en main le *Cid*, chef-d'œuvre de Corneille ;
— Ou bien de l'*Iliade* admirant les beautés,
J'évoque les héros par Homère chantés.
— Je ferais sous vos yeux passer des personnages
Appartenant à divers âges :
Pour les temps fabuleux, c'est Alcide d'abord,
Aussi faible au moral que physiquement fort ;
— Puis quelques souvenirs de l'histoire biblique :
La féconde Lia ; — le prophète angélique
Qui fut ravi vivant aux cieux.
— Passons à d'autres temps ainsi qu'en d'autres lieux :
De Mahomet le gendre et l'époux de Fatime,
Chef de secte ; son nom voulait dire *sublime* ;
— Le frère de Pallade, ainsi que lui chéri
De Saint-Benoît. (Voyez Bollandus ou Giry.)
— Je pourrais vous conduire aux bosquets d'Idalie,
— Mais dans le vin de Chypre on trouve trop de lie,
Du moins ainsi le prétendait Mentor,
Arrachant son pupille à ce funeste bord.
— Enfin, dans notre siècle, où l'on est réaliste,
Moi, j'atteins l'idéal, négligé par l'artiste.

XLI

On ne rencontre en moi rien d'extraordinaire,
Mais la simplicité peut n'être pas vulgaire ;
Souvent la poésie est au coin du foyer :
Témoins l'humble Eugénie (1) et son petit cahier.

(1) Eugénie de Guérin.

— Comme elle j'ai les droits, les charges d'une aînée,
— Avec l'élan du cœur je m'y suis adonnée ;
Je puis n'en pas goûter dès ici-bas les fruits,
Mais les nobles efforts dans le ciel sont inscrits ;
— Quand d'un zèle si pur je me sens animée,
— Ne vous étonnez pas en me voyant aimée ;
— Bien loin de me guider par un motif humain,
En donnant le bienfait je sais cacher la main.
— On peut trouver en moi la plus sincère amie :
Est-ce donc si commun ? — Pleine d'économie,
Je travaille avec art et la laine — et le lin
— (Ce qui n'empêche pas l'innocent trait malin) ;
— L'outil du cordonnier, dont je sais faire usage,
De chaussures pourvoit aussi mon entourage ;
— De mon aride enclos je sais tirer le miel,
Et j'en puis, si je veux, faire de l'hydromel.
— Quoique toujours en paix je possède mon âme,
— Je me sers au besoin de la lime — ou la lame.
— Entre le mal et moi c'est une guerre à mort :
On ne le dompte pas sans violent effort.
— Vous me reprocherez d'avoir quelque manie ;
— Plaignez-moi, car je suis sujette à l'anémie....
— On voit d'ailleurs chez moi ce que l'on voit partout :
Fleuves, — départements, — cités... un peu de tout ;
— Personnages connus, — ou choses variées,
Qui sont avec mon nom étroitement liées ;
— Et, pour conclure enfin par un texte sacré :
— *Je suis noire, mais belle*, en un sens figuré.

XLII

J'ai dit ailleurs mes attributs :
J'étale aujourd'hui mes richesses,
Et sans mentionner les rebuts
Je suis en fonds pour faire des largesses :
— Dix lettres composent mon nom,
Qui jouit d'un certain renom ;
En le décomposant, du beau mois de Marie

Je reproduis les traits, — et je suis mère aussi ;
— Et vous pouvez en moi reconnaître une amie ;
— Vous trouverez d'ailleurs un gîte sûr ici.
— Sans vous en occuper, fille pieuse et sage,
Vous pourriez bien chez moi rencontrer un mari.
— De ce que vous aimez je reproduis l'image ;
— Une tige Immortelle a chez moi refleuri.
— Malgré mes traits si doux, quand le devoir appelle,
Je puis fournir l'armure, — et l'arme des soldats ;
— La guérite, — le guet que fait la sentinelle ;
— La guerre qui partout va semant le trépas.
  — Je manie au besoin la rame ;
  — Je vous ferais passer le gué ;
  — Je sais découvrir une trame,
  — Et le tout avec un cœur gai.
  — Je conserve pur le saint rite ;
  — Qui peut dénier mon mérite ?
  — J'ai pourtant des défauts choquants :
  L'aigreur en moi parfois se montre ;
  — De rage j'ai des mouvements ;
— Un petit ver rongeur en mon sein se rencontre....
  Il ne nuit qu'à vos vêtements.
— Mais le regret m'amène à prompte repentance ;
— Au sage pèlerin, venu de l'Orient,
J'offre un pieux asile, — et je fais abstinence
  Aux jours prescrits assidûment.

XLIII

Nom d'une jeune fille, ou d'un oiseau, qui vole
  Et revient à son nid toujours,
De la simplicité je suis le doux symbole ;
Je fais aussi penser aux mystiques amours.
— Mais si je perds un pied, je deviens un grand homme
  Grand devant tous et devant Dieu,
Que l'Eglise aussi bien que le monde renomme ;
Il sut réaliser le plus sublime vœu :
  Car il nous a dotés d'un monde ;

Il y planta la croix féconde ;
Mais comme le Sauveur, constamment éprouvé,
Aux contradictions il était réservé.

XLIV

De quel sexe est mon nom ? Un général romain
Le portait, aussi bien que la sœur des Horaces,
Dont le frère enivré, vainqueur des Curiaces,
Par un crime souilla sa triomphante main.
Plus heureuse, je vis entre un époux, un frère,
Très bien d'accord tous deux, à tous deux je suis chère,
— Et la lame chez nous se rouille en son fourreau.
— Je suis bonne pour tous, j'ai du mil pour l'oiseau,
— Pour mon petit Azor des boulettes de mie ;
— Bêtes, enfants, en moi peuvent voir une amie ;
— Dans les eaux d'un beau lac, bleu comme mon œil pur,
— Du ciel se réfléchit l'ample nappe d'azur;
— Je distille le miel ; — je possède mon âme ;
— Je sais bien m'acquitter de maints travaux de femme ;
— Mais à plus rude emploi je sais, sans m'avilir,
Me prêter, et le fer par moi peut se polir ;
— De tout corps chancelant je maintiens l'équilibre ;
— Prenant la clef des champs, je parcours le ciel libre ;
— Menacé par le plomb ou filet du chasseur,
Je suis oiseau, pourvu qu'on retranche mon cœur.
— Que de revirements, hélas ! en ce bas monde !
Je renferme en mon sein un animal immonde.
— Le mal se trouve en moi, lecteur, le croirais-tu?
— Je contiens la malice, et pas une vertu....
— Mes vertus, pardonnez ; aux champs comme à la ville
Demandez-en le nombre, on vous répondra : mille.
C'est de quoi racheter quelque petit défaut ;
Car chacun a le sien : c'est là mon dernier mot.

XLV

Votre gracieux nom fut celui d'une reine
    Vénérable par ses malheurs ;
Des partis elle sut éviter toute haine
    Et concilier bien des cœurs.
    Comme elle aussi vous êtes bonne ;
    Aimable, pleine de talents :
    Le mérite est une couronne
    A l'abri des événements....
— N'eussiez-vous point de cœur, vous seriez la personne
    Qu'on chérit le plus ici-bas
    Et que dans sa bonté, Dieu donne
Pour consoler nos maux et pour aider nos pas.
— En vous l'âme domine, — et s'il est quelque lie
Au fond du vase, hélas ! c'est la commune loi ;
— Le mal réside en vous : à tout bien il s'allie ;
Contre lui servez-vous des armes de la foi :
— N'avez-vous pas la lame acérée et tranchante,
— La lime qui polit ? rude, elle rend meilleur :
Vous pouvez, en usant d'une façon prudente,
Combattre l'ennemi, maîtriser sa fureur.
— Mais la douceur chez vous à la force se mêle :
    Votre cœur distille le miel,
— Et vous n'avez enfin qu'à déployer votre aîle
    Pour vous élever jusqu'au ciel

XLVI

L'antique ville où Rome a pris son origine
Semblerait de mon nom la souche et la racine :
Il n'en est pas ainsi ; l'une vient du latin
    Et l'autre du Germain.
— Au latin, cependant, point ne suis étrangère ;
J'en ai les éléments, je pourrais le refaire....
Mais n'anticipons pas. — Un grand théologien
Est mon patron ; son nom eut un éclat magique ;
    Disciple de saint Dominique,

Il fut maître à son tour du grand Thomas d'Aquin.
Ses homonymes sont divers anachorètes,
Des martyrs, des abbés, des carmes, des prélats;
    L'Eglise a décrété leurs fêtes :
      Pour moi ce sont tous autant d'avocats,
        De guides veillant sur mes pas,
        De mes vœux puissants interprètes.
— J'ai neuf pieds, sans avoir rien de phénoménal :
    On voit en moi le bien et non le mal ;
— Je puis donner un bal — et dresser une table,
Ce qui, sans examen, me fait paraître aimable.
— On recueille avec moi toujours quelque bienfait :
J'offre un lit à ceux-ci ; — pour ceux-là j'ai du lait ;
— Je construis l'atelier où l'ouvrier charpente ;
— Je fais gagner un terne — et fournir une rente.
— J'ai mes déguisements : quittant le tablier,
— Je me transforme en reine, — ou bien en batelier ;
— Fileuse je façonne et le lin et la laine,
— Et même je me change au besoin en baleine.
— Faut-il vous rafraîchir? je puis chauffer un bain ;
— Pour fixer tous les cœurs je possède un lien....
— Chez moi l'on trouve encore un saint de temps moderne,
Diogène chrétien, sans tonneau ni lanterne ;
— Ou, si vous l'aimez mieux, des temps mérovingiens
Un abbé, fort célèbre au pays des Morins.
— Que dirai-je de plus? Il est encor des choses
Pouvant fournir matière à mes métamorphoses ;
Mais ce serait trop long, il faut faire une fin,
Et, pour conclusion, inscrivons le mot : rien.

XLVII

A M. S. de S.

Ton nom, en lettres d'or gravé dans ma mémoire,
Vaut un plus digne hommage, une bien autre gloire,
Ce nom d'un saint enfant, d'un martyr glorieux !
Sonore autant que doux, grave et majestueux,
En lui rien n'est muet et toute corde vibre,

Ainsi tu sais du cœur remuer chaque fibre ;
Pour moi, j'y reconnais la substance d'un *saint*,
— Le *lis* immaculé, qui fleurit dans ton sein ;
— Une étoffe très riche ; — une mine excellente
Où le sel de la terre est en masse abondante ;
— Le vigoureux géant qui sait porter le ciel ;
— Le blanc tissu qui sert au culte de l'autel ;
— Un fleuve dont les eaux, par leur vertu féconde,
Répandent leurs bienfaits sur le sol qu'il inonde :
Telle l'épreuve agit sur le cœur affligé ;
— Puis le bois de salut, aidant le naufragé.
— On trouve encor chez toi, sans que tu te dégrades,
Et le *lait* des enfants, — et le *lit* des malades ;
— Le langage immortel qui nous transmet la foi
— Et le mont sur lequel Dieu nous donna sa loi.
Ton partage est bien beau ; pourtant *Satan* réclame
Une place en ton nom à défaut de ton âme...
Cédons-lui sur ce point, faisons la part du feu....
Dans ce qui t'appartient, tout d'ailleurs est à Dieu.

XLVIII

A mon petit ami G. de S.

Mon cher enfant, tu me demandes
Ce que l'on trouve dans ton nom ?
Parlons d'abord de ton patron,
Car son histoire est belle entre toutes légendes :
Il fut le messager du plus précieux don
Que le ciel ait fait à la terre.
— Maintenant si je considère
Tous les détails de ce gracieux nom,
J'y vois le galbe pur d'un radieux visage
— L'abri du cœur après l'orage ;
— Chez toi l'on voit toujours quelque chose de gai,
— Ainsi qu'un ménestrel tu sais chanter un lai.
— Le gril de Saint-Laurent pourtant chez toi figure,
Montrant qu'avec la grâce on dompte la nature.
— Le Carme y peut trouver matière à ses repas :

Du fromage, — un poisson... il ne prend rien de gras.
— Tu portes depuis peu sous ta blanche tunique
Ce vêtement viril que l'homme revendique :
— Sous ton aile abritant un frère malheureux,
Innocent comme lui, aie un sort moins affreux !
— Mutilé de deux pieds, toujours agile — et libre,
— Quelque jour te verra sur les rives du Tibre ;
— Tu n'es pas étranger au pèlerin pieux
Qui, de l'oubli de soi montre un type fameux;
La vertu dans ton père est moins inimitable;
Modèle-toi sur lui, tu seras tout aimable.

— Avec deux pieds de plus s'accroît la kyrielle
De tous tes attributs : de beau tu deviens belle.
— Sur sept pieds, en horreur au manant, au bourgeois,
Tu te montres surtout au bureau des octrois ;
— Sur cinq, tu compromets et moissons et vendanges ;
— Sur six, d'un siècle impur tu sépares les anges
Qui, dans un corps mortel, habitent dans les cieux.
— Chez toi les écoliers ont matière à leurs jeux.
— Et puis, qui l'aurait cru, que les mathématiques
Mêlassent leurs calculs à tes traits poétiques,
— Et qu'un mets succulent, de ton fonds émané
Pût tenter du chasseur l'appétit forcené ?
— Enfin, pour compléter ce bizarre assemblage,
Le baigneur trouve en toi l'agent du sauvetage;
— Et, parmi les cités que renferme ton sein,
L'une d'elle surtout est chère au cœur chrétien :
Gloire à son nom fameux ! L'Eglise, à sa foi vive
De la fête de Dieu doit l'initiative !

XLIX

Près de Paris, je suis une colline
D'où la croix, dominant la reine des cités,
Ranimait l'espérance, empêchait la ruine,
Comme un phare planant sur les flots tourmentés;
    Aujourd'hui je suis forteresse,

Et le canon résonne où l'on chantait la messe.
Je porte dès longtemps le nom d'un empereur,
    Du nom chrétien persécuteur.
— Ma queue en moins, je suis le doux nom d'une femme
Qui, dans divers écrits, sut peindre une belle âme.
— Sur mes flancs croît un vin jadis plus généreux,
Dont la saveur se perd comme la foi des âges ;
— Puis, vous voyez le rêve aux décevants présages ;
— Mais le vrai, toutefois, chez moi brille encor mieux.
— Toujours me morcelant, je porte en moi la vie....
— Je fais naître pourtant la ténébreuse envie ;
Mais le mal ici-bas est à côté du bien !
— Quatre de mes huit pieds valent autant que rien.

L

L'un de mes saints patrons, banni de l'Angleterre,
Trouva pour son exil la France hospitalière ;
Il l'aima, la bénit, lui léguant pour trésor,
De son corps mutilé, plus précieux que l'or,
    La miraculeuse poussière.
Pour homonyme encor, parmi les souverains,
Je compte un roi martyr mis au nombre des saints :
Avec de tels appuis, sur eux prenant modèle,
Ne devrait-on pas être un excellent chrétien ?
Je recèle pourtant quelques traits d'un païen,
    Dans ce beau nom digne d'un cœur fidèle.
— Au monde, il est trop vrai, je n'ai point renoncé,
— Et dans moi le démon élit son domicile ;
— On voit chez moi la mode, en caprices fertile,
— Et le dôme orgueilleux dans la nue élancé.
— Pourtant, dans mon domaine on trouve l'onde pure
Qui reflète le ciel, rafraîchit la verdure ;
— Et j'ai, le croiriez-vous, lecteurs, le cœur si bon,
Que je puis à chacun vous octroyer un don,
Comme une bonne fée, un bienfaisant génie
    — Et même vous donner un nom.
— Puis, cherchez dans un mot bien cher à Polymnie

De Pindare et Rousseau ; doctes fils d'Apollon,
Un sublime désordre et des flots d'harmonie.

LI

Si de m'analyser vous faites une étude,
Pour prix de vos efforts vous recueillez le miel ;
— Mais malgré ma douceur, j'offre l'instrument rude
Qui façonne et polit. — De l'austère Carmel,
En retranchant mon cœur, habitant solitaire,
Je prends le court chemin pour arriver au ciel,
— Ou je donne à l'oiseau l'aliment qu'il préfère.
— Sur six pieds, je deviens un général romain,
Battu par Annibal au triste jour de Cannes.
— Avec quatre, laissant les souvenirs profanes,
Je figure en la Bible, et d'Israël les fils
Ont en moi rencontré la plus fraîche oasis.
— De mes membres divers réunissez la somme,
Je rappelle aussitôt vertus et dévouement,
   Excellent cœur, esprit charmant....
   Vous savez comment je me nomme.

LII

Mon nom est peu commun ; dans son sein il renferme
Un doux fruit qui souvent avorte dans sa fleur :
Ainsi le cœur léger, plein d'une folle ardeur,
Compromet l'avenir pour en hâter le terme.
— Plus sage, ce héros, dont le soin patient
D'un peuple encor grossier civilisa la race ;
L'Eglise a consacré son zèle vigilant,
Et le pays d'Elnon nous montre encor sa trace ;
— Mais un pied retranché de ce saint glorieux
Change de tout au tout son noble caractère :
On ne voit plus en lui qu'un ministre orgueilleux,
Des revers d'ici-bas exemple salutaire.
— Bien plus, je porte en moi le père des humains ;
— Un récent voyageur aux champs aériens ;
— Celle qui de nos preux excitait la vaillance

Alors qu'ils combattaient pour le Christ et la France ;
— L'instrument du combat, — celui des nautoniers ;
— Un parfum que Judas prisait trois cents deniers ;
— Le plus grand amas d'eau ; — l'onde en miniature ;
— Notre plus noble part, d'immortelle nature ;
— Un animal biblique ; — un espace de temps
Où frimas, fleurs et fruits précèdent les autans ;
— Enfin la tragédie aux formes romantiques,
Au terrible alliant parfois des traits comiques :
Telle est la vie, hélas ! où la joie et les pleurs
Sont en lutte, et souvent l'emportent les douleurs ;
Drame mystérieux, incompris du vulgaire,
Et dont le dénouement n'a pas lieu sur la terre.

LIII

Variante d'un nom saxon
De cinq lettres je me compose ;
A plus d'une métamorphose
Se prête volontiers ce nom :
— Vous pouvez y voir, cher lecteur,
Celle qui berça votre enfance,
Et qui, dans les nuits de souffrance,
Veille au chevet de la douleur ;
Ou, si vous l'aimez mieux, l'escorte
Qui maintient l'ordre en la cité,
Des palais surveille la porte
Et des rois fait la sûreté.
— Puis, je suis, sous une autre forme,
L'objet de votre ambition,
Soit que vous portiez l'uniforme
Ou qu'un poste civil soit votre mission.
— Je suis encor ce qu'envers la faiblesse,
Envers l'étranger, le malheur,
Pour la vertu, pour la noblesse
On doit montrer du fond du cœur.
— Sur quatre pieds, au port je touche ;
— Je suis la station où s'arrêtent les trains ;

— Une eau qui dans le Rhône, aux flots fauves, débouche ;
— Un mal contre lequel les remèdes sont vains.
— Avec trois pieds, mon poids fait incliner la tête :
   Je marche, je marche toujours,
   Toujours.... La mort seule m'arrête,
   L'éternité borne mon cours.

LIV

J'ai quatre pieds ; pourtant mon nom est d'un chrétien :
Il rappelle celui de plus d'un souverain ;
De plus d'un saint pontife, illustre dans l'Eglise.
A la foi sous l'un d'eux Albion fut conquise ;
Des lettres et des arts, un autre, protecteur,
Fut d'un siècle éclatant le noble inspirateur.
Je représente encore un royaume d'Espagne,
Un des quatre évéchés de la Basse-Bretagne :
Là, des Celtes on trouve et la langue et les mœurs,
La vive et ferme foi, la pureté des cœurs.
— Marchant queue avant tête et tête par derrière,
Je viens pour annoncer paix et joie à la terre,
Et mon cri triomphant est partout répété
Comme un chant de victoire et d'immortalité.
— Sur trois pieds je recule au temps des premiers âges :
J'ai repeuplé le monde ; et mes enfants, peu sages,
Perdant le souvenir de mes traditions,
Bientôt du vrai, du faux brouillent les notions.
— Sur quatre pieds, un bourg de la Gaule-Belgique,
En moi se trouve encor : un portail magnifique
Y rappelle le saint dont il a pris le nom
Et qui de ses bienfaits a comblé ce canton.
Disciple de Benoît, par ses soins, la science
A policé les mœurs, dissipé l'ignorance ;
Par les moines soustrait à d'aveugles fureurs,
Ce dépôt recouvré révèle leurs labeurs.

LV

Signe de paix, je suis pour l'homme un don des cieux;
Après le blé, le vin, aucun n'est plus utile.
— Quoique mon nom soit doux et mon fruit onctueux,
Je ne suis pas exempt de qualité virile,
    Et plus d'un héros en renom
    S'honore de porter mon nom.
Mais, sans aller fouiller les fastes de l'histoire,
Cherchons si j'ai dans moi d'autres titres de gloire :
— D'abord, j'ai le pouvoir de vous former un roi;
— Je puis donner la vie, — et j'énonce la loi;
— Je tracerai la voie à toute âme incertaine,
Que loin du droit chemin l'aveuglement entraîne;
— Ma voile sur les mers guide le nautonier;
— A mon impulsion il peut se confier :
Je lui fais rencontrer la rive salutaire.
— Chargé d'ivoire — et d'or, j'enrichirai la terre.
— Je porte avec honneur la normande cité
Qui dans bien des combats a souvent résisté;
— Un grand fleuve de France, arrosant la Touraine;
— Puis une impératrice, à Rome souveraine;
— Un ancien instrument, aujourd'hui suranné.
— Ma vue est incomplète et mon regard borné,
Mais, si je n'ai qu'un œil ainsi que Polyphème,
J'en sais tirer parti par mon adresse extrême.
— Toujours je fais la vole en jouant l'écarté,
Et je serais voleur sans mon honnêteté :
— Je pratique, il est vrai, le vol, en quelque sorte,
Mais c'est le vol de l'âme; au ciel il me transporte.

LVI

J'ai d'un soldat-martyr pris le nom bien-aimé....
    De six membres je suis formé;
— Privé de l'un d'entre eux, je n'ai plus que la gorge.
— Puis, retranchant ma tête, on me réduit à l'orge,
Ainsi qu'un animal, ou comme un assiégé

Dont le pain, par surcroît, de paille est mélangé.
— Reconstruit, je pourrais offrir certain breuvage,
Qui, venant des Anglais, en France est en usage ;
— Mais si, m'ôtant mon chef, on prend mes pieds encor,
Je n'ai plus que mon cœur, mais ce cœur vaut de l'or.

LVII

De la rose je suis ou l'aïeule ou la mère ;
Ma vie est encor plus que la sienne éphémère :
Fleurissant sur la haie, on me voit au printemps
Rendre les chemins verts encor plus souriants.
Mais combien peu de temps doit durer ce sourire ?
Je m'effeuille bientôt au souffle du zéphyre !
— Je produis un oiseau de vol audacieux ;
— Un esprit, l'ornement, le messager des cieux ;
— Un rustique métal ; — un pur et doux breuvage ;
— Ce qui dans le miroir reflète votre image ;
— La langue de l'Eglise et des anciens Romains ;
— Un mal dont on guérit en prenant quelques bains.
— Peut-être sur mon œil verrait-on une taie ;
— Je n'en reste pas moins toujours agile et gaie ;
— Je chasse volontiers les habitants des bois ;
— Et si je veux jouer, je gagne chaque fois.

LVIII

Je servais jadis de demeure
A plus d'une divinité ;
Aujourd'hui, dans son unité
Dieu daigne à moi s'unir pour me rendre meilleure
A ses clartés je vois ces œuvres par milliers
Sans le secours du télescope...
— Retranchez, non mon œil, mais un seul de mes pieds,
Aussitôt je deviens myope.

LIX

J'ai la tête d'un âne et j'ai sa queue aussi ;
Il n'est du reste en moi plus rien qui lui ressemble ;
De plus nobles, d'ailleurs, avec lui vont ensemble :
Il servit de monture au Christ ; et, Dieu merci,
Est-il rien de plus grand, de Pékin à Versailles ?
— Toute une nation se loge en mes entrailles...
— Et je donne le ton à la ville, à la cour ;
— Puis, de mon cœur s'échappe un petit mot d'amour,
Mais ne prodiguons pas cette faveur insigne :
Pour l'obtenir de nous il faut qu'on en soit digne.
— Croiriez-vous qu'en mon sein je recèle un volcan,
— Nonobstant les frimas que j'amène avec l'an ?
Pourtant se trouve en moi l'étoffe d'une nonne ;
— Si j'échappe à matine, au moins je chante none ;
      — Mais bientôt réduite à néant,
      — J'éteins ma note monotone.
      — Je fournis à défaut d'argent
      Pour la table de l'indigent,
      Des Franciscains ou bien des Carmes,
      L'ustensile le plus urgent ;
— Et du miroir qui reflète vos charmes
      J'offre le principal agent....
— J'ai beaucoup de patrons : l'un, fameux aux déserts,
Du bruit de ses vertus a rempli l'univers ;
Un autre, illustre fils de saint François d'Assise,
Vit souvent à sa voix la nature soumise ;
Il est puissant toujours, et vous l'éprouverez :
Invoquez-le, cherchez, et puis vous trouverez.

LX

    Mon nom, rappelant le laurier,
    N'est pas exempt d'instinct guerrier ;
— Je sais manier l'arc — aussi bien que la lance ;
— Mais derrière un créneau j'abrite ma prudence ;
— L'art du marin non plus ne m'est pas étranger,

Et sur le lac tranquille on me voit sans danger,
— A l'ancre du salut me tenir appuyée
    — Et ma cale bien outillée.
— Mes modestes bijoux viennent du fond des mers ;
    — Dans mon écrin vous n'en trouvez nul autre ;
— Mon vêtement écru, le seul dont je me sers,
    Certes plairait fort à l'apôtre
    Qui prêche la simplicité
    En regard d'un luxe éhonté.
    — Un âne est toute ma monture :
    Je suis l'enfant de la nature.
— D'encre j'ai cependant une provision,
    Pour les besoins de la littérature
    — L'astre des nuits, sa clarté chaste et pure,
Vient souvent inspirer ma méditation,
    — Et malgré les bruits de la rue,
    — Je m'élève jusqu'à la nue ;
    — J'aime encor avec passion
Ces rudes légions, par Walter-Scott chantées ;
    — Des larmes d'Electre humectées
Les cendres d'un héros vont m'arracher des pleurs ;
Mais indépendamment de cette poésie,
    Les vulgaires soins de la vie
    Ne sont pas pour moi sans douceurs :
    — Dussé-je passer pour avare,
    De côté je mets un écu ;
    — Je soigne les fruits de mon cru,
    — Contenant l'espace d'un are ;
    — Mon aiguille brode un écran,
— Que je vous offrirai le premier jour de l'an.
— Je blanchis mes tissus et conserve les viandes
Par un sel dont on sait les propriétés grandes.
    — Vous connaissez ainsi mes talents et mon bien,
Que protège un dieu lare ou mon ange gardien.

LXI

Au trône d'Orient plus d'une impératrice
Eut mon nom, où se lit je ne sais quoi de doux ;
Pourtant l'une d'un saint fut la persécutrice ;
Une autre eut à souffrir de son injuste époux :
J'en citerais encor... mais, race malheureuse,
Pourquoi les évoquer ? Arrêtons-nous à deux,
— A dix, si vous voulez, car je suis généreuse ;
— Même, on pourrait chez moi rencontrer tous les dieux.
— De Rouen je rappelle encore un archevêque,
— De la France un grand roi, souche de Capétiens ;
— Un chant lyrique enfin.... Lorsque l'on me dissèque,
Voilà ce qu'en mon nom, lectrice, je contiens.

LXII

A me juger sur mon allure
On me trouvera rude et dure :
Est-ce donc un si grand défaut ?...
De la douceur, pas trop n'en faut.
— A moi-même avant tout sévère,
Comme ceux qui sont doux je possède la terre ;
— M'utilisant d'ailleurs selon mes facultés.
J'ai de viriles qualités :
Je me montre propre à la guerre ;
— J'ai la chaussure militaire,
— Et je veille près du rempart,
Faisant le guet comme un soudard ;
— Je sers de même dans la rue,
— Fallût-il pour cela faire le pied de grue....
— Mais je sais aussi de la paix
Apprécier les grands bienfaits :
On me voit alors de l'étude
Me faire une heureuse habitude ;
— Non sans exhaler un regret....
Maintenant de mon nom vous tenez le secret.
J'ai plus d'une patronne illustre :

L'une, fille d'un des Pépins,
　Dans le Brabant eut un grand lustre ;
Une autre révéla des oracles divins,
　Ainsi que la grande Thérèse.
On peut les consulter, pour peu que cela plaise ;
Car, depuis six cents ans, plusieurs fois publiés,
　Ils ne sont pas de nos jours oubliés.

LXIII

Ma patronne, pauvre bergère,
Victime d'une belle-mère,
Souffrit patiemment ses torts.
Quant à ma valeur personnelle,
J'ai des défauts et des trésors ;
Détaillons-en la kyrielle :
De la plante et de l'animal
Je contiens en moi le principe ;
— Egalement je participe
D'un riche foyer minéral ;
— J'ai d'une auguste souveraine
Le titre avec les attributs ;
— Et l'esclave, né pour la peine,
Est encore un de mes élus ;
— L'un de ces trois rois que l'étoile
Au berceau du Christ a conduits
Chez moi réside, — et sur la toile
On peut voir mes traits reproduits ;
— J'atteins d'un bout du monde à l'autre,
Favorisant commerce et missions,
　Et je prête une aile à l'apôtre
　En unissant les nations ;
— Un céleste esprit m'accompagne ;
— Bien plus : la mère du Sauveur
Daigne se faire ma compagne
Et je la porte dans mon cœur ;
— Avec elle, vient à la suite
De la cité le premier magistrat ;

— Celui que la loi sainte à vous aimer invite,
   — Enfin l'instrument du combat.
— En moi vous trouvez une amie ;
— Une mère, c'est mieux encor ;
— Et puis, la flamme du génie,
Qui vaut plus que des monceaux d'or.
— Chez moi se voit encor l'arène,
Chère aux Romains des anciens jours ;
— Quoique je connaisse la gêne,
— Avec moi le gain vient toujours ;
— Cherchez encor l'embarcadère
Où l'on arrive et d'où l'on part ;
— La pièce d'eau de la clairière
Où prend ses ébats le canard.
— Si vous observez le carême,
J'en puis fournir les aliments ;
— Puis, des frimas de l'hiver blême,
Je vous mène au mois du printemps.
— Autour de moi j'exerce une douce magie,
— Un mirage flatteur et des plus séduisants ;
   Mais aussi parfois je varie :
      — De rage j'ai des mouvements ;
   — Je deviens aigre, — amère, par instants....
   Hélas ! qui n'a quelque faiblesse ?
   Enfants d'Adam, nous sommes tous
   Enclins au mal, je le confesse :
   Soyons indulgents entre nous.

LXIV

On trouve en ma personne un bizarre assemblage.
D'abord, le croiriez-vous ? je distille le fiel ;
— Mais bientôt on contemple en mon cœur, sans nuage,
      Tous les éléments d'un beau ciel.
— Sur quatre ou sur trois pieds, l'on me voit Elfe ou fée ;
— Je possède une clef, celle de votre cœur !...
— Ou rigide patron du prophète Elisée,
De l'austère Carmel je suis le fondateur.

— Je tiens ce fil léger, que la main de Marie
Du paradis nous tend pour y guider nos pas,
Ou que la ménagère, au devoir asservie,
En chantant fait tourner de ses doigts délicats.
— D'un terme de mépris je me sers, dédaigneuse,
— Ou bien mélancolique, ombrageant les tombeaux,
De l'immortalité j'offre à l'âme pieuse
Un symbole ; — au marin, un port au sein des eaux.
— L'amer dégoût qui suit un aveugle délire,
— Et l'arène où le prix stimule le vainqueur.
C'est ce qu'en mes sept pieds de moi l'on peut déduire.
— Avec un pied de plus je deviens le bonheur.

LXV

Mon nom veut dire reine, et reine aussi je suis,
Surtout si vous rognez quelque peu mes entrailles :
— De gauche au côté droit subissant des entailles,
    Au règne j'ai des droits acquis.
— Renversez-le, je suis sujet à l'esclavage,
Qui des enfants de Cham fut le triste héritage.
Mais le Christ a levé la malédiction,
Prêchant la charité, non l'exploitation.
— Un léger changement de nouveau me transforme ;
Les mêmes éléments prennent une autre forme :
Dans la nature ou l'art je marque le rapport
    Qui des ressemblances ressort.
Masculin, féminin, par le sexe ou l'usage,
J'ai fort peu d'équivoque en notre beau langage,
Mais je suis souvent neutre en pays étranger ;
Les peuples ni les rois n'y peuvent rien changer.
— Le génie est de feu, — mais la neige est de glace ;
Tous les deux en mon sein pourtant je les embrasse.
— Quatre membres, hélas ! me restent-ils enfin,
Et, chétif avorton, je suis réduit à rien.

LXVI

De l'Orient je fus l'illustre souveraine ;
Mais qu'en moi des grandeurs le néant paraît bien !
J'offre dans mes cinq pieds l'étoffe d'une reine :
Qu'on m'en retranche un seul, je suis réduite à rien.

LXVII

    Fille d'un père très connu,
Je porte un nom bien moins que le sien répandu :
Au village on me voit pourtant, mais à la ville
Presque pas, si ce n'est tout en haut d'un clocher;
Ni le froid ni le chaud n'ont pu m'en arracher.
En charmant les badauds j'y joue un rôle utile,
    Je donne un avis important,
    Mon carillon faisant connaître
    Qu'une heure vient encor de naître,
Et qu'une heure écoulée est rentrée au néant.
— Otez mon cœur : entr'eux reliant les deux mondes,
Par mon art merveilleux je suis reine des ondes,
Mon domaine s'étend aux plus lointains climats.
De moi l'écolier rêve.... Ah ! ne vous fiez pas
Aux appâts décevants de mes chances fatales !
De désastres fameux fourmillent mes annales....
— Plus heureuse, je puis encor vous présenter
Maint objet séduisant, malgré mon étrcitesse :
Je vous offre d'abord, mais il faut l'exploiter,
Un trésor enfoui, source de la richesse ;
— Pour cela vous avez un utile instrument
Qui remplit son office en mon fécond domaine;
Mais dont se sert, hélas ! pour le mal, le méchant.
Que la crainte, à défaut d'autre frein, le retienne !
— Et ne négligez pas l'instant riant et frais
Que précède l'aurore après la nuit obscure ;
Il convie au travail, réjouit la nature,
Mais, seul, le paresseux connaît peu ses attraits.
— Voici celle ou celui que votre cœur préfère ;

— Le magistrat qui peut vous lier à jamais ;
— L'époux qui vous reçoit des mains de votre père ;
— La Vierge — et son beau mois, prodigues de bienfaits.
— Avec un chaperon de conique figure,
Du prélat, de l'abbé je forme la coiffure ;
— Mais je couronne aussi qui vous dicte sa loi :
Car chacun porte un joug, fût-il pasteur ou roi.
— Le chien de basse-cour rencontre ici sa place....
Mais des vulgarités on nous fera bien grâce !

LXVIII

D'un usurpateur je suis fils :
Sur un trône étranger, à mon tour, je m'assis ;
Il n'était pas solide, et bientôt je m'empresse
De le quitter, montrant ainsi quelque sagesse :
S'ils agissaient ainsi, tous les usurpateurs
    Causeraient bien moins de malheurs !
    — Décapitez-moi : je suis femme ;
    Virile héroïne d'un drame,
    Je fus l'épouse de Jason,
    J'ai rajeuni le vieil Eson ;
    Servant mes amours et mes haines,
    Usant de l'art des magiciennes,
    J'ai distillé plus d'un poison,
    Joué plus d'un rôle tragique....
— Réduisez-moi : je suis un peuple antique ;
— Mais rassemblez mes éléments épars,
Je suis du bois dont on fait une dame ;
    — Ou bien, de moi faites deux parts :
    Ainsi qu'une immortelle flamme,
    Une seule a du prix : c'est l'âme.

LXIX

    Mon patron, ce n'est pas le diable,
Au ciel j'en ai plusieurs : l'un d'eux est un bon roi,
    Pieux, clément et charitable ;
Divers hymnes sacrés sont le fruit de sa foi.

— Pour les chanter en trois parties,
Je fournirai le personnel qu'il faut,
— Et la note, — et le ton ; afin que sans défaut
　　Vibrent ces saintes harmonies.
— Chez moi vous rencontrez un empereur romain ;
— Un maire du palais au temps mérovingien;
— Un saint abbé qui, dans un siècle encor barbare,
Apporta dans l'Artois la science, assez rare ;
— Un maréchal de France, à la mort condamné
Pour haute trahison ; — un pays ruiné,
Après dix ans d'efforts, par l'armée hellénique;
— Un fleuve de l'Espagne , — une ville helvétique,
— Et le département où du point d'Alençon
D'industrieuses mains connaissent la façon ;
— Une cité d'Afrique, autrefois cette Hippone
Où du grand Augustin retentissait le prône.
— Mais passons de l'histoire à l'actualité :
A défaut d'autres dons, vous voyez ma bonté ;
— Ce qui n'empêche pas que je ne sache rire.
— Assez aride, hélas! est mon petit empire :
L'ortie en masse y croît pour nourrir le dindon.
— J'ai la terre, il est vrai : le sol est infécond,
— Mais pourtant on y peut voir fleurir le troène,
Et c'est tout. — Cependant, je ne suis pas en peine
De vous offrir à boire, — et même le rôti ;
— Et certaine terrine, où plus d'un appétit
　　Peut trouver à se satisfaire ;
— De hors-d'œuvre une boîte... enfin le nécessaire
Pour ne pas renvoyer les convives à jeun ;
— Ma rente me permet cela sans nul emprunt,
— Et d'une robe encor je vous ferai largesse.
— Pour me servir je n'ai qu'une négresse :
Cette noire vaut mieux que deux blanches, ma foi.
— Je vous surprendrai bien en disant que chez moi
Vous pouvez voir un trône, et le roi, puis la reine....
— Arrêtons-nous : voici la borne du domaine.
— Sans partage, en entier, — je vous offre mon bien
　　— Dussé-je rester avec rien.

LXX

Je dérive du nom d'un fameux conquérant
Qu'à tort comme à raison l'on surnomme le Grand :
    Il eut des grandeurs, des faiblesses;
De ses heureux débuts il tint mal les promesses.
— Plus digne de respects, il faut en convenir,
Fut un humble pêcheur, saint apôtre et martyr,
    Embrassant sa croix d'un cœur ferme,
    Et que dans mon sein je renferme;
— Vous y trouvez aussi l'appui rationnel
    Qui semble soutenir le globe;
— Ce qui meurt et renaît au moment solennel
    Où de janvier sonne la première aube;
— La terre qui produit la bruyère et le pin;
— Même, si vous voulez, j'y sèmerai du lin.
— L'on recueille chez moi le parfum d'Arabie
Que le prophète-roi chante en sa liturgie;
— L'eau du fleuve arrosant les plaines de Memphis,
Où cherchaient un asile et Marie et son Fils
Et Joseph, chaste époux de la divine mère.
— Aux douleurs de l'exil point ne suis étrangère.
— De climats variés j'offre divers produits :
C'est le renne habitant des lieux aux longues nuits;
— C'est l'élan vagabond, — la liane en spirales
S'enlaçant aux palmiers des forêts tropicales;
— La toison des troupeaux de nos prés verdoyants,
— Le nid de l'aigle altier, aux cimes s'attachant.
— Je vous présente encor parmi mainte autre forme
— Et la reine superbe — et la naine difforme
Dont l'âme, non moins chère aux yeux du Créateur,
A droit égal au ciel, grâce au sang du Sauveur.
— Que vous dirai-je encor? Un pays germanique
Chez moi remplit un rôle, autrefois pacifique;
— Certain roi d'Albion, par Shakespear fameux;
— Un comestible rare en nos jours désastreux...
— Il faut conclure enfin, mais non sans que j'ajoute,

Un certain supplément que je trouve en ma route,
On en use aujourd'hui souvent sans se gêner....
Pour couper court, lecteur, je vous offre à dîner.

LXXI

Quoique illustré jadis par la beauté
Mon nom charmant n'est plus très usité,
Et toutefois en richesse il abonde;
Essayons d'explorer cette mine féconde :
   — Je dois cependant avertir
   Qu'on fera chez moi maigre chère :
   Hélas ! je n'ai ni vin ni bière,
Mais seulement du *cidre* à vous offrir ;
— Pour entrée, un poisson ; — l'oiseau du Capitole,
Pour rôti ; — puis après, *cardons* à l'espagnole;
— *Sardine* pour hors-d'œuvre — ou *radis*, pour changer;
Voilà tout ce qu'on trouve en mon garde-manger.
— Mais j'ai d'autres attraits : si vous aimez la *danse*,
— Je sais organiser une *ronde* en cadence ;
   — Les danseurs ne manqueront pas,
Car tout un *escadron* prend ici ses ébats.
— Mariez-vous, je fais tous les frais de la *noce :*
— Avec l'*ocre* — et la *craie*, — en quelques coups de brosse,
Pour la salle de bal je compose un *décor ;*
— Pour orchestre, on aura le noble son du *cor ;*
— Je dote d'un *écrin* la jeune mariée,
Qui se voit pour cela de toutes enviée.
— Quand vient la Fête-Dieu, dès la veille, le *soir*,
— Je prépare avec *soin* — le *dais* du reposoir ;
— J'étale la *sardoine*, — et la *nacre* — et la *saie* ;
— L'*or* étincelle avec la *cire* qui flamboie ;
— Et, de tous mes trésors faisant à Dieu sa part,
Je prodigue la *rose* — et je répands le *nard ;*
— Aux deux *coins* de l'autel ; — des *cornes* d'abondance,
Symbole des bienfaits que le Seigneur dispense,
S'échappent fleurs et fruits ; — au sommet l'*arc*-en-ciel
Promet miséricorde, en ce jour solennel.

— Mon jardin, dépouillé, n'offre plus que des *ronces*,
— De l'*anis*, — dont on peut recueillir quelques *onces*,
J'en ferai des gâteaux, des liqueurs, à loisir,
— Toujours à la *raison* — confermant mon *désir*.
— Le *soc* de la charrue, en le rendant fertile,
Ne laisse pas longtemps mon terrain inutile;
— Jusqu'au moindre *recoin* doit être labouré;
Ainsi le déficit sera bien réparé.
— Je donne le signal d'une sainte *croisade*
Contre l'impiété, barbare et rétrograde;
— L'*ancre* de l'espérance est toujours mon appui;
— Et, ferme comme un *roc*, je crains peu le vain bruit.
— Voulez-vous avec moi faire une promenade
Sur l'*onde*, — dans une *anse*, — et sans quitter la *rade ?*
Ou bien préférez-vous des voyages lointains?
J'embrasse, d'un coup d'œil, les plus abrupts chemins :
— Je vous transporterai tout d'abord dans les *Andes*,
On peut y recueillir d'inédites légendes;
— Allant à l'aventure, ainsi qu'un juif-errant,
Respirons l'air de *Nice*, — et visitons *Oran;*
— Puis allons nous baigner aux fleuves d'Italie :
L'*Anio* — l'*Eridan*, — ou l'*Arno* d'Etrurie;
— Aux *Orcades* subir les ouragans de mer;
— Reconnaître *Iona*, peint par Montalembert;
— Visiter les lieux saints renommés dans la Bible,
Sion, — *Endor*, — *Cédar*, — le *Cédron*; — si possible,
    Jusqu'à l'*Inde* porter nos pas,
    Tout cela sans nul embarras.
— Mais si vous aimez mieux ne pas quitter la France,
J'ai sept départements briguant la préférence.
    Après avoir de ces divers pays,
    Sur mon album tracé quelques croquis,
    Je rappelle à votre mémoire
Différents souvenirs ou de fable ou d'histoire :
— C'est *Caïn* le méchant, — c'est *Enos* le pieux;
— *Noé* seul trouvé juste en son temps désastreux;
— Trois enfants de Jacob.... — Dans un cadre profane,
— Vous voyez rassemblés et *Doris*, — et *Diane*,

— Le vieil *Eson*, — *Caron*, nautonier des enfers ;
— La triste *Ino*, — la vache *Io*, fendant les mers.
— Vous rencontrez *Dracon*, dont les lois trop sévères
N'eurent point cours ;—*César*, l'auteur des *Commentaires ;*
    — Puis *Carin,* de Rome empereur ;
— *Sicard*, des sourds-muets l'illustre bienfaiteur...
Que vous dirai-je encor : j'ai bien mainte autre chose
Au fond du magasin ; au besoin j'en dispose ;
Aujourd'hui je n'en vois nulle nécessité :
Si le cœur vous en dit, cherchez à volonté.

LXXII

  Chaste déesse, ou bien muse céleste,
    Je suis digne de tous respects ;
— Si vous m'ôtez mon cœur, dans tout ce qui me reste
    Je présente divers aspects :
Vous y trouvez d'abord le débris vénérable
D'un monument, ou bien d'une antique cité ;
— Réduite de moitié, j'ai la gloire ineffable
De caractériser l'auguste Trinité.
— De quelqu'autre façon lorsque l'on me divise,
    Je contiens la cendre des morts :
C'est pour la triste Electre et la tendre Artémise
    Le plus précieux des trésors.
    — Puis, aérienne, légère,
Je m'élève de l'onde et monte vers l'azur
    Et je retombe sur la terre,
Pour la fertiliser, et rendre l'air plus pur.
— Si je redis le nom d'un époux, mort victime
    Du plus coupable guet-apens,
C'est que la grâce a fait surgir d'un double crime
    Le modèle des pénitents.
— Et je rappelle enfin la cité chaldéenne
Où naquit Abraham, le père des croyants,
L'un des plus grands anneaux de cette illustre chaîne
Qui d'Adam à Marie embrasse cinq mille ans.
O généalogie unique dans l'histoire,

Quelle race t'égale en gloire !
Mais plus auguste encor que ton antiquité
Est le dernier des fruits de ta postérité !

LXXIII

Pâle, mélancolique et blonde,
Quand Phébus est absent je console le monde ;
Problème exerçant le penseur,
Je plais au poète, au rêveur.
— Mais retranchez ma tête, et fraîche, souriante,
Je sers à la table des dieux
Le doux nectar avec l'ambroisie odorante,
Qui les réjouit moins que l'éclat de mes yeux.

LXXIV

Bien que je porte un tendre cœur de mère,
J'offre aussi quelque chose et de ferme, et d'austère,
A la douceur joignant quelque sévérité ;
— Pourtant si, m'étendant sur un lit de Procuste,
On me coupe deux pieds, vous me trouverez juste.
Je partage ce titre et cette qualité
Avec le patriarche auguste
Que le fils de la Vierge a pour père adopté.
— Au lieu de ces deux pieds, si ma tête et mon cœur
Sont retranchés, réduite à l'état de machine,
Je sers à l'industrie et compose une usine ;
— Sans tête et queue encor, je forme une liqueur,
Empruntant son nom d'une ville ;
— Sur quatre pieds, je suis un mois fertile,
Où le fruit succède à la fleur ;
— Ou bien je suis le résidu
Qu'après soi laisse la fumée ;
— L'heure où la paupière fermée
Laisse prendre relâche à l'esprit trop tendu.
— Sur trois pieds, de forme éphémère,
Je ne suis rien qu'une vapeur,
Et cependant je peux recéler le tonnerre ;

— Ou j'offre un suc qui ranime le cœur :
— Chez moi, le jeu, toujours innocent et paisible,
Prête un charme de plus à des devoirs pieux ;
— Et, comme en ce désert que nous nomme la Bible,
Avant tout, on recueille une manne des cieux ;
— Sauf mes extrémités, retranchez mes entrailles,
Je ne me plaindrai pas, mais je demeure à jeun ;
— Et, mutilée, enfin, par bien d'autres entailles,
Je n'ai plus que deux pieds, et les deux ne font qu'un.
— Encore un mot, lecteur, mais un mot qui résume
Les nobles attributs de la Divinité :
A cinq pieds, ajoutez un léger trait de plume
Et vous verrez qu'en moi se trouve l'unité.

LXXV

Je rappelle à plusieurs le nom d'un être cher ;
— Sitôt qu'on me regarde on est sûr de voir clair ;
— En moi l'on voit aussi de saint François d'Assise
La disciple fervente, et l'émule soumise.
— On trouverait chez moi de quoi former un roi ;
— Dans mon cœur est gravée une immuable loi ;
— A d'autres points de vue on peut me rendre noire,
Mais plusieurs ont de moi gardé douce mémoire;
— Mon nom s'étend au loin : de l'île jusqu'au lac,
— De l'Orne jusqu'à l'Ain, — de Caen jusqu'à Nérac;
— Et l'Anio, l'Arno, la Carniole et Coire
M'appartiennent, ainsi que le Nil et la Loire.
Je pourrais dire encor maint lieu, mainte cité
Où mon nom est célèbre et justement vanté.
Mais je recèle en moi plus d'un contraste étrange :
De mille traits divers quel singulier mélange !
— En moi le ferme roc ; — le cor mélodieux,
— Le corail éclatant, — le lac, miroir des cieux ;
— L'or pur, — la blanche étoffe, emblème d'innocence,
— Et le rude tissu propre à la pénitence ;
— Le cri partant du cœur; — le vigoureux élan ;
— Du ménestrel le lai ; — du montagnard le clan ;

— Le plus noble animal ; — la plus illustre race ;
— La corne d'abondance, — et l'arc, signe de grâce ;
— La liane flexible au chêne s'enroulant ;
— La toison qui revêt le tendre agneau bêlant ;
— Le crâne sous lequel fermente le génie ;
— L'air qui ravit l'oreille en sa douce harmonie ;
— L'âne instrument divin, arrêtant Balaam ;
— La nacre recueillie au pays de l'Islam ;
— Un rôle magnifique ; — une noce joyeuse ;
— La noble Erin, contrée aujourd'hui malheureuse ;
— Un patriarche ; — un saint ; — la féconde Lia,
Aïeule du Messie et mère de Juda ;
— Un nautonier d'enfer, aux mortels redoutable ;
— L'aile d'un ange pur ; — un poète admirable ;
— Le Ciel, où nous attend un éternel bonheur ;
— L'œil, qui n'a jamais vu comparable splendeur ;
— L'oracle, qui promet poids immense de gloire ;
— La lice, où le combat conduit à la victoire ;
— Enfin, le nœud sacré du plus heureux lien ;
J'irais à l'infini....Mais plus qu'un mot — Quoi ? — Rien.

LXXVI

J'ai de nombreux patrons dans l'immortel empire,
Parmi lesquels se trouve une sainte martyre,
Dont je porte le nom, si distingué, si doux ;
Puis j'ai pour homonyme une aimable princesse ;
Native de Milan, aimant avec tendresse ;
Louis, duc d'Orléans, son peu fidèle époux ;
Sa grâce, sa bonté, lui font une auréole
Qui d'une triste cour dut la rendre l'idole ;
En comblant de ses soins Charles VI, malheureux ;
Elle semble une étoile en ce temps désastreux.
De la mort d'un époux exigeant la vengeance,
Imprudemment, hélas ! elle a troublé la France ;
On l'aime néanmoins, son motif est si beau !
Si jeune, la douleur l'a conduite au tombeau !
En morceaux mettez-moi, ce sera moins lugubre ;

Ils sont incohérents : pardon, si j'élucubre.
Mon sol est peu fécond : — il produit le navet,
— L'aveline, — le lin, — et le vin — et le lait,
— Et la laine et l'étain.... C'est source de richesse.
Ne vous étonnez pas de mes quelques largesses ;
— Les trésors du Levant se rencontrent chez moi ;
— Et si d'un éventail vous voulez faire emploi,
Je vous l'offre, — aussi bien que de soie une sorte
Plus solide que tout ce que Lyon exporte :
— Je m'entends à la vente ; en ce siècle effronté,
Je la fais sans blesser en rien la loyauté ;
— Aussi vient-il chez moi tout un monde d'élite ;
— Si ma nature est lente, — on me voit faire vite
Quand il le faut ; — je suis constamment en éveil
— Pour voir d'où vient le vent, du temps prendre conseil.
— Jusqu'au mont Aventin parfois je me promène ;
— J'ai pour garde un soldat de milice romaine :
Vous voyez qu'avec moi l'on est en sûreté.
— Un lévite est aussi toujours à mon côté ;
— Si vous voulez venir visiter ma demeure,
J'offre un lit, — un valet, à votre ordre à toute heure ;
— D'un cuisinier fameux je suis pourvue enfin...:
— Hélas ! j'ai le travers de savoir le latin :
Qui donc est sans défaut ? — N'est-on pas fille d'Eve ?
— La vanité souvent en mon âme s'élève ;
— La lave en moi fermente, — ainsi qu'un vieux levain ;
— Mais voyant mon néant, je vomis ce venin ;
— A l'approche surtout du temps de pénitence
Qui précède Noël et me rend l'innocence :
L'orgueil peut-il tenir devant l'abaissement
Du Dieu qui s'est fait pauvre, obscur, petit enfant ?
Ce n'est point sans combat qu'on obtient la victoire :
Et les défauts vaincus sont des titres de gloire.

LXXVII

Mon nom vous rappelle une reine,
Belle, poète et musicienne :

Ne nous arrêtant pas aux discours superflus,
    D'elle ne disons rien de plus;
Laissons pour le moment et *l'amour* et la *gloire*,
Et plutôt résumons un cours d'ancienne histoire.
— Je ferai sous vos yeux passer le fondateur
    D'une ville des plus antiques;
— Puis le sage vieillard, avec les Grecs vainqueur
De la même cité, lors des temps homériques;
— Un fils d'Agamemnon, de son père vengeur,
    Qui du remords sentit le ver rongeur;
— Humble dans ses grandeurs, une reine de Perse,
Femme d'Assuérus (autrement Artaxerce).
— Je pourrais bien encor parler d'autres héros,
— Peindre un trône, assiégé par de nombreux rivaux,
— Nommer le Jupiter de la Scandinavie.....
Mais passons au commun des choses de la vie :
    J'en abonde; — et disons d'abord
    Qu'on rencontre chez moi de l'or;
    C'est le levier de toute chose.
    — Dans mon jardin fleurit la rose,
    — Et le troène japonais;
    — Vous y pourrez prendre le frais
    Assis sous l'ombrage d'un hêtre
Qu'au-dessus du bosquet l'œil charmé voit paraître.
— Mon domaine est baigné d'un fleuve impétueux,
Se prêtant au commerce ainsi qu'à l'industrie.
    — Dites-moi, lecteur, je vous prie,
Si partager mon sort c'est être malheureux?
    — De ma maison je sais tenir les rênes;
    — Mon rôt est toujours cuit à point;
    — Dans les beaux arts; de loin en loin,
    Je me délasse de mes peines;
    D'un instrument du plus beau son
— Je tire, en préludant, et la note — et le ton;
— Je dessine le torse, œuvre fort difficile;
    — Dans ma bonté je donne asile
Au sot, que je supporte, et qui me prend mon temps;
— Je réserve toujours un reste aux indigents;

— Je reçois volontiers toute sorte de gens,
— Et j'abrite même la honte.
Bienheureux sont les indulgents !
De leurs défauts le Ciel ne tiendra compte.

LXXVIII

De quelque roman l'héroïne,
Je porte un nom aujourd'hui démodé,
Dont une chrétienne origine
A plus d'un ménologe est en vain demandé.
Il fut jadis assez en vogue ;
Il a, dit-on, décoré la vertu,
Mais ce genre de fade églogue
Est de nos jours bien rabattu.
— Je gagne à me mettre en parcelles :
Ma moitié du moins est un saint ;
— S'il a conquis des palmes immortelles,
On peut en voir surgir une autre de mon sein.
— Puis, dans les ténèbres j'éclaire,
Figurant au salon, dans le temple, au caveau ;
Et, précurseur d'un jour nouveau,
Je parle d'espérance en un lieu funéraire.
— Je porte en moi les éléments du mal,
Quoique je sois de nature très douce :
Je le hais et je le repousse :
Quel mortel est exempt de ce germe fatal ?
— Chez moi, l'on voit celui qui dans un phalanstère
Résume en sa personne et le père et la mère :
Office ridicule, au mépris condamné,
Ainsi que son essai mort-né.
— Je traîne encore à ma remorque
Une cité de l'île de Majorque,
— Une autre de Syrie, — et le lieu d'un combat,
Où la valeur française a jeté quelque éclat;
— Un instrument de mort et de torture
Dont le seul souvenir fait frémir la nature,
— Et qui devient chez nous un terme de blason.

— Un animal donnant nourriture et toison,
— Un dieu, — prêtre au Thibet, — un prince israélite,
— Enfin un fils de Sem, souche de l'Elamite,
Dont le chef belliqueux, roi Chodorlahomor,
Sans Abraham eût fait à Loth un triste sort

LXXIX

Je suis un nom porté par plus d'un souverain :
— En le décomposant, d'abord qu'y voit-on ? Rien.
— Mais regardons de près : un fleuve d'Allemagne
Nous rappelle des bords chéris de Charlemagne ;
— Nous y trouvons encor le surnom d'un grand saint ;
— Le jour qui toujours fuit et jamais ne revient ;
— Le poétique nom d'une verte contrée,
Emeraude qu'enchâsse une mer azurée ;
— Un courroux comprimé fomente dans mon sein ;
Mais je me tais, lecteur ; que dirais-je encor ? Hein ?

LXXX

A madame ***.

Bien que je porte un nom d'impératrice,
La fortune à mes vœux se montra peu propice ;
Je suis simple et sans art, je vis de dévouement.
— Mais, décomposez-moi, vous trouverez comment,
Flamme venant du ciel, émanant de Dieu même,
D'éclairer j'ai reçu la mission suprême :
Malheur quand, abusant de mes dons créateurs,
On égare par moi les esprits et les cœurs !
— Mes membres déplacés, je me change en matière,
Je viens du ciel encor ; je suis nette et légère,
Le lis immaculé n'a pas plus de blancheur,
Et, froide, je procure une douce chaleur.
— Sur quatre de mes pieds, je contiens le tonnerre,
J'éclipse le soleil, je rafraîchis la terre ;
— Puis je deviens la mer qui baigne l'archipel,
Fatal à plus d'un Grec, par Homère immortel.
— Ou bien encor je suis un état de malaise

Qu'un chrétien sait souffrir ; la charité l'appaise.
— Sur trois pieds, je vous aide à passer un cours d'eau,
— Ou, par la druidesse, au jour de l'an nouveau,
Recueilli sur le chêne, aux forêts de la Gaule,
Je passais pour sacré, talisman ou symbole.
C'est en vain qu'en nos jours on voudrait revenir
A ce vieux culte usé qui n'est qu'un souvenir.

LXXXI

Dédié à madame de R.

Chez vous est un asile invitant au repos ;
— On peut y rencontrer les trésors de l'Asie ;
— Le sel de la sagesse et des riants propos ;
— Le lis, calice pur, au fond exempt de lie ;
— La planche du salut, aidant au naufragé ;
— L'île, éden par le ciel au malheur ménagé ;
— L'as, décidant d'un sort qui parfois fait envie,
— Et l'aile qui s'élève au delà de la vie.

— Ajoutant quatre pieds à votre aimable nom,
Bien plus fécond alors et non moins poétique,
Un souvenir pieux, image évangélique,
  Avec la vôtre se confond :
 Plus tard je vois deux souveraines,
Saintes femmes, autant que gracieuses reines,
  Illustrer encor ce beau nom.
— Comme elles vous savez, d'une main secourable ;
— Donner aux malheureux et l'habit et la table,
— Et le lit, et le lait, et le sel, et le blé,
— Et pour tous votre parc est riant et sablé.
— Vous rappelez encore une ville aux cent portes,
— Et la mère de Rome aux vaillantes cohortes ;
— Le premier lieu d'exil du grand Napoléon ;
— Et le nom d'une idole, — et celui d'un démon ;
— La fille de Laban, plus que sa sœur heureuse ;
— Une ville en Juda, parmi toutes fameuse ;
— Et, victime d'un frère, en l'enfance des temps,

Un frère moissonné dans la fleur du printemps,
— Et puis enfin l'enfant qui consola leur mère,
Chef de race bénie et repeuplant la terre.

LXXXII

Chez moi, des mers du Sud un précieux produit
Offre à la jeune fille une riche parure :
Mon nom, qui le contient, ainsi que sa monture
    Aux yeux de tous plaît et reluit.
— Mais je sais joindre encor l'utile à l'agréable :
Car je puis, au moyen d'un rapide parcours,
Vous faire traverser le monde en peu de jours,
Par un chemin aisé, jadis impraticable.
    — Par mon secours, l'oiseau peut fendre l'air ;
    — Aux moins voyants, aussi, je ferai bien voir clair ;
    — Si vous me consultez, je sais rendre un oracle ;
    — Et je possède aussi ce qu'on joue au spectacle.
    — Vous montrerai-je encor la pierre du rocher,
    — L'onde calme que bat la rame du nocher,
    — L'instrument, dont l'écho des bois souvent résonne
Quand le temps des moissons a fait place à l'automne ?....
    — Je crains de répéter ce que j'ai dit souvent,
Mieux vaut sobriété que par trop d'abondance ;
C'est pourquoi je me tais... deux mots, lecteur, pourtant ;
Claire, Alice chez moi fixent leur résidence :
En leur faveur, montrez pour moi quelque indulgence.

LXXXIII

Mon nom n'est point commun, il est plein d'euphonie :
— J'ai sept cordes, ainsi que la gamme des tons.
    — Il en faut trois pour faire un son ;
    — Quatre pourront jouer un rôle en l'harmonie ;
    — Rendez-moi mes sept pieds, ils font à volonté
Un prélat de Clermont, — ou bien un nom de femme
— Dont la souche est, hélas ! la païenne cité,
Berceau de Jézabel, souillé d'un culte infâme.
— Mais la cité de Dieu règne aussi dans mon sein,

— Ainsi que de Paris l'apôtre illustre et saint :
C'est de quoi racheter un vice d'origine ;
Un bon fruit peut surgir d'une ignoble racine.
— Un insecte produit les plus riches tissus
Dont s'ornent la bannière et l'autel de Jésus ;
Je puis vous les fournir, — et vous promets mon aide
Pour mieux les conserver ; — puis vous offre un remède,
Qui dissoud les tumeurs ; récemment inventé,
En moderne chimie il est fort usité :
Son concours de chacun multipliant l'image
Permet que d'amitié l'on prodigue ce gage.
— Que vous dirai-je encor ?... Habitante des eaux,
J'ai ma légende ; — ou bien, asile des oiseaux,
Du foyer maternel j'offre le doux symbole.
Mais le bonheur, hélas ! dure peu ; tout s'envole !
En quittant cet abri pour un appât trompeur,
Pauvres enfants, trop tard vous saurez votre erreur.

LXXXIV

Mon origine est grecque, et mon nom signifie
Un don bien précieux, c'est-à-dire *la vie* :
C'est la vie animale, il faut en convenir ;
Mais l'âme intelligente est là pour l'ennoblir.
Deux patronnes au ciel, dont l'une épouse et mère,
Martyres toutes deux, prouvent ce que peut faire
Une foi qui soumet la matière à l'esprit,
Esprit supérieur à tout ce qui périt.
Terminons ce discours par quelque badinage :
Lorsque j'ai *Cru*, je suis un autre personnage,
Dont le sort a souvent ému nos jeunes cœurs,
Qui de l'isolement a subi les douleurs ;
Nous avons admiré son patient courage,
Gémi de son exil sur le désert rivage,
Suivi tous ses efforts, su que dans le malheur,
Par un travail constant, on rend son sort meilleur,
Que le secours divin s'obtient par la prière ;
Alors la Providence est notre auxiliaire.

LXXXV

Je suis pleine de zèle, — et j'enfante un prophète
Qui dans son vol hardi s'élança jusqu'aux cieux ;
Ce n'est point ici bas que les saints sont en fête,
    Et leur chemin est épineux :
    Les cœurs que le zèle dévore
  Ne sont pas ceux que le vulgaire honore,
    Car des flatteurs ils n'ont point l'art ;
    Le martyre est souvent leur part.
A l'exemple du Christ accusé de folie,
Je boirai son calice amer jusqu'à la lie.

SOLUTIONS DES LOGOGRIPHES

I. — Le mot du logogriphe est PHILASTRE, où l'on trouve PILASTRE, PATRIE, HARPE, PARIS, ASIE, PHARE, PIASTRE, ASILE, AIR, ATRE, REPAS, SEL, PATRE, PIRATE, PILATE, HAIRE, PÉRIL, PAS, HÉLAS, PLAIE, PLATS, TAPIS, SAPHIR, PRÊT, PILE, ARTS, ESPRIT, TIARE, PRÉLAT, SPIRALE, PIE, LIS, LIE, PIRE.

II. — Le mot du logogriphe est l'auguste nom de MARIE, où l'on trouve MER, RAME, MARI, AIMER, AME, ARME, AMER, RIME, MAI, AIR, MAIRE, REMI, AMI, ÉMIR, MARE, AIRE.

III. — Le mot du logogriphe est PIERRE, où l'on trouve PÈRE, PRIÈRE, PIE, ÈRE, RIRE, PIRE.

IV. — Le mot du logogriphe est THÉRÈSE, où l'on trouve ESTHER, RUÉE, THÉSÉE, TÉRÉE, ÈRE, ÊTRE, THÈSE, HERSE, ÉTHER, ESTRÉE (d'), maréchal de France sous Louis XIII, EST, THÉ, STÈRE, RESTE.

V. — Le mot du logogriphe est GENEVIÈVE, où l'on trouve GENÈVE, EVE, GÈNE, ENVIE, VIE, GÉNIE, VEINE, NEIGE, VIGNE, VIN.

VI. — Le mot du logogriphe est LOUISE, où l'on trouve LOUIS (saint), OISE, LOUIS (d'or), SOU, SOI, OIE, LOI, SEL, SUIE, SOIE, OUI, ELOI, ŒIL, OUÏE, LIS, LUI, et SOLEIL, moyennant le changement d'une lettre.

VII. — Le mot du logogriphe est ANNE (sainte), dont on fait ENNA, ANE, AN.

VIII. — Le mot du logogriphe est MICHEL, où l'on trouve MIEL, MICHE, LIE, LIME, LICE, CIME, CIEL.

IX. — Le mot du logogriphe est JOSÉPHINE, où l'on trouve JOSEPH, ENOS, NOÉ, PHINÉES, OSÉE, PIE, SOPHIE, ESOPE, ESON, ÉPINE, PEINE, JOIE, SION, POÉSIE, SOIE, NIPES, SOIN, OIE, PIS (de vache), POIS, ÉPIS, PIS (adverbe), SEINE, SISE, PISE, PIE, SOI.

X. — Le mot du logogriphe est ANASTASIE, où l'on trouve ASIE, SATAN, SAINTE, SANTÉ (moyennant un accent), SÉNAT, SATIN, TAIN, TASSE, ANIS, NASSE, ANE, TAIE.

XI. — Le mot du logogriphe est JULIE, dont on ne peut tirer aucune division, à moins d'en faire JULIETTE. On y trouve JULITTE, JUTE, LUTTE, ÉLUE, ÉLITE, UTILE, ÉTUI, TUILE, LIT, JET, JEU.

XII. — Le mot du logogriphe est CLÉMENCE, où l'on trouve CLÉ, ENÉE, MÉCÈNE, CÈNE.

XIII. — Le mot du logogriphe est SIMON, où l'on trouve SION, MINOS, MOIS, SOIN, SON, IS, SOI, SIN.

XIV. — Le mot du logogriphe est JULIENNE, où l'on trouve

Julien, Julie, Junie, Elie, nue, élue, jeune, juin, lune, jeu, lieu.

XV. — Le mot du logogriphe est Sabine, où l'on trouve Bias, Basine, saine, base, bains, ans, bise, basin, bas, baies, bis, anis, bien, besan, ane, Ain, Aisne, bans, saie, aise, sein.

XVI. — Le mot du logogriphe est Christine, où l'on trouve Christ, Henri, chien, serin, crétin, niche, ris, ricin, crise, cire, riche, écrin, écrits, récits, Chine, Irtisch, cher, Rhin, Nice, Néris, trichine, hier, sibn, rien.

XVII. — Le mot du logogriphe est Marcel, dont on fait Carmel, et où l'on trouve Marc, larme, ame.

XVIII. — Le mot du logogriphe est Charles, où l'on trouve Arles, char, réal, chale, Hécla, Rhéa, Lares, cher, lac, lest, sel, case, are, hase, as, hale, sac, race, sacre, Aser, César, arche, arc.

XIX. — Le mot du logogriphe est Philippine, où l'on trouve Pepin, Philippe, pipe, pie, Nil, lin, pin, nippe, pile, Pline, île.

XX. — Le mot du logogriphe est Constance, où l'on trouve Caton (les deux), canton, sonate, canon, ane et anon, noce, canne, conte, stance, case, note, soc, once, nonce, ton, son, non.

XXI. — Le mot du logogriphe est Séverin, où l'on trouve ris, serve, rien, Seine, vin, rive, Eve, vie, envie, serein, rêves, vers, sève, veine, serin, ver.

XXII. — Le mot du logogriphe est Anaïs, où l'on trouve anis, Aï, sain, as, et qui, moyennant l'introduction d'une syllabe, devient Athénaïs, où l'on trouve thé, santé, ténia, Tésin, Tanis, Tanaïs, Etna, Satan, sainte, Sénat, satin, étain, Thaïs, Sita.

XXIII. — Le mot du logogriphe est Octavie, où l'on trouve Octave, vie, vice, Vicat, civet, oie, cave, vite, vote, veto, voie, avoie, écot, Œta, iota.

XXIV. — Le mot du logogriphe est Virginie, où l'on trouve vigne, vin, ivre, ire, rive, grive, ver, vigie, Niger, Erin, Vire, Gien, rien.

XXV. — Le mot du logogriphe est Agnès, dont on peut faire anges, et où l'on trouve gens, sage, ans, ages, sang. (Sainte Agnès souffrit le martyre, sous Dioclétien, vers l'âge de treize ans.)

XXVI. — Le mot du logogriphe est encore Agnès, où l'on trouve ange, sage, sang, et le mot ganse, qui tient grande place dans la toilette des femmes et dans les ornements militaires.

XXVII. — Le mot du logogriphe est Adrienne, Adrien, où l'on trouve Arien et Arienne, rien, Eden, reine, renne, raie, dîner, arène, nain et naine, rade, ane, aire, nid, air, nard, are, denier, idée, Diane, Dina, André, Dan, Nina, Anne, Irène, René, Aden, Inde, Indre, Erin, Ain, Ida (le mont), Iéna, Ardée, Dinan, Denain, Eridan, ride, aînée, ère, année, ide, nadir.

XXVIII. — Le mot du logogriphe est Madeleine, dont on peut

extraire plusieurs noms de femme, tels que Diane, Aline, Dina, Elma, Eliane, et où l'on trouve laide et non *belle*. — Ce nom s'écrivait autrefois *Magdeleine* (du château de *Magdalan*, propriété de Marie-Magdeleine). On y pouvait trouver aigle, gland, gain, mage, génie, ange, Galien. D'après la nouvelle orthographe, on y trouve encore mal, aile, ame, élan, lien, Eden, miel, lande, nid, mil, lin, laine, alène, lime, lame, mine.

XXIX. — Le mot du logogriphe est Ambroisine. On y trouve arôme, ambroisie, ambre, rose, orme, basin, soie, ambe, ombre, orbe, soir, bois, Rome, Sion, Simon, raie, sabre, mai, braise, maire, Marie, Ambroise, roi, Rôman, baie, bien, moins, rien, borne, maison, rime, raison.

XXX. — Le mot du logogriphe est Pauline, où l'on trouve Paul, Paule, lune, lien, pain, lapin, eau, api, lin, plaine, laine, pile, pin, pluie, lie, plan, ane, élan, liane, Pan, Nil, Népaul, Nauplie, Apulie, Pau, Alpes (moyennant une lettre de plus), Naples, Pline.

XXXI. — Le mot du logogriphe est Pétronille dont les deux premières et la dernière syllabe forment pétrole, et où l'on trouve péril, peine, lèpre, reptile, lion, perle, or, Noel, étoile. — Pétronille était la fille de l'apôtre saint Pierre.

XXXII. — Le mot du logogriphe est Irénée, où l'on trouve Irène, reine, Renée de France, duchesse de Ferrare, René (le roi), Nérée, père des Néréides, Enée, rien.

XXXIII. — Le mot du logogriphe est Hippolyte, où l'on trouve pilote, yole, polype, ilote, loi, poli, toile, poil, pipe, pli, type.

XXXIV. — Le mot du logogriphe est Brigitte, où l'on trouve titre, tige, gîte, Tibre, Brie, gibier, tir, tigre.

XXXV. — Le mot du logogriphe est Catherine, où l'on trouve reine, écrin, haine, Chine, chien, chat et rat, niche, train, racine, chêne, Nice, cratère, arc, hernie, éther, craie, carène, hectare, ratine, cire, hart, nitre, race, tache, crin, crétin, antre, tanière, aire, ane, raie, arche, ancre, nacre, char, charte, chaîne, rien, cri, air, art, hier, encre, charité.

XXXVI. — Le mot du logogriphe est Adélaïde (sainte Adélaïde, deux fois reine d'Italie, et plus tard impératrice, avait épousé en premières noces Lothaire, fils de Hugues de Provence, et en secondes noces Othon le Grand, qui l'arracha aux cruelles persécutions d'un usurpateur qui avait empoisonné son premier mari). Adèle, racine de ce nom, signifie *noble* en langue germanique. Dans Adélaïde, en supprimant le tréma, on trouve laide, Lia, aide, dédale, édile, et enfin, idéal.

XXXVII. — Le mot du logogriphe est Marianne, où l'on trouve Ariane, Arimane, Arien, nain, manne. Les autres mots qui s'y rencontrent ont été indiqués précédemment, à propos d'Anne et de Marie. (Voir II et VII.)

XXXVIII. — Le mot du logogriphe est Calliste, telle est la véritable orthographe de ce nom, diversement écrit. Ce nom, qui convient aux deux sexes, signifie indifféremment *très belle* ou *très beau*. Sainte Calliste était une artiste sicilienne, qui, avant sa conversion, sculptait des idoles. Nous voyons aussi trois Papes porter ce nom. Le premier est inscrit au martyrologe. Il régnait au troisième siècle, au temps d'Héliogabale. — En décomposant CALLISTE, on trouve ÉCLAT, STAEL (Mme de), ALISE, que l'on croit être l'ancienne ALÉSIA, prise par Jules César, CIEL, CASTEL, CALE, LEST, TILLAC, LAC, ÎLE, ASILE, SITE, LILAS, LIS, CASE, LIT, LAIT, CAILLE, LACET, LAIE, LACS, SAC, TAIE, SICLE, TALC, ACTE, STALLE, SALLE, TAILLE, AILES, CASTE, LISTE.

XXXIX. — Le mot du logogriphe est ALPHONSINE, où l'on trouve NIL, ALPES, PÔLE, LAPONIE, SION, ALEP, SILOÉ, NAPLES, PISE, NOLE, POLU, SALONE, SEINE, OISE, ISOLE, SAÔNE, LION, ÉLAN, LAIE, HASE, LAPIN, OIE, ANE, PIN, SAPIN, ALOÈS, NOPAL, LIANE, LIS, ÉPIS, POIS, LIN, AIL, SEL, ALOSE, PLIE, SOLE, API, PLAINE, LAINE, SOIE, OPALE, SOIN, PAN, PALÈS, PÉLOPS, ESON, PÉLIAS, PÉLION, SAPHO, ENOS, NOÉ, LIA, HÉLI, NOEL, PLINE, ALI, LÉON, NIEL, INÈS, IONA, SALON, SOPHA, PIANO, SIPHON, PENSION, PION, PAIN, ASILE, PHÉNOL, SALEP, SINOPLE, PAL, ŒIL, LOIN, LOI, HAINE, LIE, POLIE, PLAIE, POSE.

XL. — Le mot du logogriphe est PLACIDIE, où l'on trouve PLAIE, CIEL, AIDE, PLAIDE, PIED, PLAID, PLACE, LAIDE, CID, ILIADE, ALCIDE, LIA, ELIE, ALI, PLACIDE, IDALIE, LIE, IDÉAL.

XLI. — Le mot du logogriphe est MÉLANIE (qui veut dire *noire*), on y trouve AÎNÉE, ÉLAN, ANIMÉE, AIMÉE, MAIN, AMIE, LAINE, LIN, MALIN, ALÈNE, MIEL, AME, LIME, LAME, MAL, MANIE, ANÉMIE.

XLII. — Le mot du logogriphe est MARGUERITE, où l'on trouve MARIE, MÈRE, AMIE, GÎTE, MARI, IMAGE, TIGE, ARMURE, ARME, GUÉ-RITE, GUET, GUERRE, RAME, GUÉ, TRAME, GAI, RITE, MÉRITE, AIGREUR, RAGE, MITE, REGRET, MAGE, MAIGRE.

XLIII. — Le mot du logogriphe est COLOMBE, où l'on trouve COLOMB (Christophe).

XLIV. — Le mot du logogriphe est CAMILLE, où l'on trouve LAME, MIL, MIE, AMIE, LAC, CIEL, MIEL, AME, MAILLE, LIME, CALE, AILE, CAILLE, LIMACE, MALICE, MILLE.

XLV. — Le mot du logogriphe est AMÉLIE, où l'on trouve AMIE, AME, LIE, MAL, LAME, LIME, MIEL, AILE.

XLVI. — Le mot du logogriphe est ALBERTINE, où l'on trouve ALBE, LATIN, ALBERT, BIEN, BAL, TABLE, LIT, LAIT, ATELIER, TERNE, RENTE, TABLIER, REINE, BATELIER, LIN, LAINE, BALEINE, BAIN, LIEN, LABRE (saint), BERTIN (saint), RIEN.

XLVII. — Le mot du logogriphe est STANISLAS, nom qui ne contient pas une seule lettre muette. On y trouve les mots SAINT, LIS, SATIN, SALINS, ATLAS, LIN, NIL, AIS, LAIT, LIT, LATIN, SINA, SATAN.

XLVIII. — Le mot de la première partie du logogriphe est GABRIEL, où l'on trouve GALBE, ABRI, GAI, LAI, GRIL, BRIE, RAIE, BRAIE, ABEL, AGILE, LIBRE, LABRE.

Le mot de la seconde partie est GABRIELLE, où l'on trouve BELLE, GABELLE, GRÊLE, GRILLE, BILLE, ALGÈBRE, RABLE, LIÈGE (bois), LIÈGE (ville).

XLIX. — Le mot du logogriphe est VALÉRIEN, dont on fait VALÉRIE, et où l'on trouve VIN, RIVE, VRAI, VIE, ENVIE, RIEN.

L. — Le mot du logogriphe est EDMOND. Saint Edmond de Cantorbéry fut persécuté par Henri II, roi d'Angleterre, et vint chercher un asile en France, où il mourut en 1241. Il y a aussi saint Edmond, roi saxon d'Angleterre, martyrisé, en 870, par les princes danois.

Dans EDMOND, on trouve MONDE, DÉMON, MODE, DÔME, ONDE, DON, NOM, ODE.

LI. — Le mot du logogriphe est ÉMILIE, où l'on trouve MIEL, LIME, ÉLIE, MIL, EMILE (Paul), ELIM.

LII. — Le mot du logogriphe est ARMANDE, où l'on trouve AMANDE, AMAND (saint), AMAN, ADAM, NADAR, DAME, ARME, RAME, NARD, MER, MARE, AME, ANE, AN, DRAME.

LIII. — Le mot du logogriphe est EDGAR, dont on peut faire GARDE, GRADE, ÉGARD, et où l'on trouve RADE, GARE, GARD, RAGE, AGE.

LIV. — Le mot du logogriphe est LÉON, dont on fait NOEL, et où l'on trouve NOÉ, et ELNO, ancien nom de la ville de Saint-Amand (Nord).

LV. — Le mot du logogriphe est OLIVIER, où l'on trouve VIRIL, ROI, VIE, LOI, VOIE, VOILE, RIVE, IVOIRE, OR, VIRE, LOIRE, LIVIE, VIOLE, ŒIL, VOLE, VOL.

LVI. — Le mot du logogriphe est GEORGE, où l'on trouve GORGE, ORGE, GROG, OR.

LVII. — Le mot du logogriphe est ÉGLANTINE, où l'on trouve AIGLE, ANGE, ÉTAIN, LAIT, TAIN, LATIN, GALE, TAIE, AGILE, GAIE, ÉLAN, LAIE, GAIN.

LVIII. — Le mot du logogriphe est OLYMPE, où l'on trouve MYOPE.

LIX. — Le mot du logogriphe est ANTONINE, où l'on trouve ANE, NATION, TON, TOI, ETNA, AN, NONNE, NONE, NÉANT, NOTE, ÉTAIN, TAIN, ANTOINE.

LX. — Le mot du logogriphe est LAURENCE, où l'on trouve ARC, LANCE, CRÉNEAU, LAC, ANCRE, CALE, NACRE, ÉCRIN, ÉCRU, ANE, ENCRE, LUNE, RUE, NUE, CLAN, URNE, ÉCU, CRU, ARE, ÉCRAN, AN, ALUN, LARE.

LXI. — Le mot du logogriphe est EUDOXIE. La première des impératrices de ce nom, épouse d'Arcadius, poursuivit de sa haine implacable saint Jean Chrysostôme ; la seconde, femme de Théodose le jeune, fut exilée sur un faux soupçon. Dans EUDOXIE, on trouve de quoi composer les mots : DOUX, DEUX, DIX, DIEUX, EUDE (Rigaut), célèbre archevêque de Rouen, EUDE, roi de France par intérim au temps de la seconde race, fils de Robert le fort et aïeul de Hugues Capet; enfin, le mot ODE, poème lyrique.

LXII. — Le mot du logogriphe est Gertrude, où l'on trouve rude, dure, terre, guerre, guêtre, guet, rue, grue, étude, regret.

LXIII. — Le mot du logogriphe est Germaine, où l'on trouve graine, germe, mine, reine, règne, nègre, mage, image, marine, ange, Marie, maire, arme, amie, mère, génie, arène, gêne, gain, gare, mare, maigre, mai, magie, mirage, rage, aigre, amère.

LXIV. — Le mot du logogriphe est Félicie, où l'on trouve fiel, ciel, elfe, fée, clef, Elie, fil, fi, if, île, lie, lice, et Félicité, en ajoutant une lettre.

LXV. — Le mot du logogriphe est Régine, où l'on trouve reine, règne, nègre, genre, génie, neige, rien.

LXVI. — Le mot du logogriphe est Irène, dont on fait reine et rien.

LXVII. — Le mot du logogriphe est Martine. Sur les tours de différentes villes du nord de la France, on appelle *Martin* et *Martine* des mannequins, ornements d'horloges mécaniques, et qui fonctionnent en même temps que fonctionne le carillon. — Otez le cœur, c'est-à-dire la lettre du milieu, vous trouvez marine. Dans Martine, on trouve encore mine, main, matin, ami ou amie, maire, mari, Marie, mai ; moyennant un accent circonflexe (chaperon de conique figure), on fait encore mitre, maître, matin.

LXVIII. — Le mot du logogriphe est Amédée, où l'on trouve Médée, Mède, dame, âme.

LXIX. — Le mot du logogriphe est Robertine, où l'on trouve Robert, trio, note, ton, Tibère, Ebroin, Bertin, Biron, Troie, Ebre, Berne, Orne, Bone, bonté, rire, terre, ortie, troène, noire, rôti, terrine, boite, rente, robe, noire, trône, roi, reine, borne, entier, bien, rien.

LXX. — Le mot du logogriphe est Alexandrine, qui dérive d'*Alexandre*, et où l'on trouve André, axe, an, lande, lin, nard, Nil, exil, renne, élan, laine, aire, reine, naine, Saxe, Lear, lard, annexe, dîner.

LXXI. — Le mot du logogriphe est Corisande, où l'on trouve cidre, raie, oie, cardons, sardine, radis, danse, ronde, escadron, noce, ocre, craie, décor, cor, écrin, soir, soin, ais, sardoine, nacre, soie, or, cire, rose, nard, cornes, arc, ronces, anis, onces, raison, désir, soc, recoin, croisade, ancre, roc, onde, anse, rade, Andes, Nice, Oran, Anio, Eridan, Arno, Orcades, Iona, Sion, Endor, Cédar, Cédron, Inde, Ain, Aisne, Corse, Indre, Nord, Oise, Orne, Caïn, Enos, Noé, Dan, Aser, Dina, Doris, Diane, Eson, Caron, Ino, Io, Dracon, César, Carin, Sicard.

LXXII. — Le mot du logogriphe est Uranie, où l'on trouve ruine, urne, une, nue, Urie, Ur.

LXXIII. — Le mot du logogriphe est Phébé (la lune), où l'on trouve Hébé, déesse de la jeunesse et échansonne des dieux.

LXXIV. — Le mot du logogriphe est Justine, où l'on trouve juste, usine, Nuits (ville), juin, suie, nuit, nue, jus, jeu, Sin, jeun, un, unité.

LXXV. — Le mot du logogriphe est Caroline, où l'on trouve clair, Claire, roi, loi, noire, île, lac, Orne, Ain, Caen, Nérac, Anio, Arno, Carniole, Coire, Nil, Loire, roc, cor, corail, lac, or, lin, crin, cri, élan, lai, clan, lion, race, corne, arc (en ciel), liane, laine, crane, air, ane, nacre, rôle, noce, Erin, Noé, Eloi, Lia, Caron, aile, Racine, ciel, œil, oracle, lice, lien, rien.

LXXVI. — Le mot du logogriphe est Valentine, où l'on trouve navet, aveline, lin, vin, lait, laine, étain, Levant, éventail, Levantine, vente, élite, lente, vite, éveil, vent, Aventin, vélite, lévite, lit, valet, Vatel, latin, Eve, vanité, lave, levain, néant, venin, Avent.

LXXVII. — Le mot du logogriphe est Hortense, où l'on trouve Tros, Nestor, Oreste, Esther, héros, trône, Thor, or, rose, troène, hêtre, Rhône, sort, rênes, rôt, son, note, ton, torse, sot, reste, sorte, honte.

LXXVIII. — Le mot du logogriphe est Paméla, où l'on trouve Amé, palme, lampe, mal, mapa, Palma, Alep, alma, pal, lama, Lama (le grand), Ela, Elam.

LXXIX. — Le mot du logogriphe est Henri, où l'on trouve rien, Rhin, Néri (saint Philippe de), hier, Erin, ire, hein.

LXXX. — Le mot du logogriphe est Eugénie, où l'on trouve génie, neige, nuée, Egée, gêne, gué, gui.

LXXXI. — Le mot du logogriphe est Elisa, puis Elisabeth ; on y trouve asile, Asie, sel, lis, ais, île, as, aile, habit, table, lit, lait, blé, sablé, Thèbes, Albe, Elbe, Bel, Eblis, Lia, Béthel, Abel, Seth.

LXXXII. — Le mot du logogriphe est Coralie, où l'on trouve corail, or, rail, aile, clair, oracle, rôle, roc, lac, cor, Claire, Alice.

LXXXIII. — Le mot du logogriphe est Sidonie, on y trouve le mot son, et les quatre dernières lettres du mot *harmonie*, Sidoine (Apollinaire), Sidon, Sion, Denis (saint), soie, soin, iode, ondine, nid.

LXXXIV. — Le mot du logogriphe est Zoé.

LXXXV. — Le mot du logogriphe est Zélie, où l'on trouve zèle, Elie, lie.

FIN

TABLE

AVANT-PROPOS. v

PREMIÈRE PARTIE

I. — Enigmes. 9
Solutions des énigmes. 49
II. — Charades. 52
Solutions des charades 89
III. — Logogriphes. 92
Solutions des logogriphes. 119
IV. — Enigmes de mots homophones. 122
Solutions des mots homophones. 133
V. — Anagrammes. 134
Solutions des anagrammes. 141
VI. — Acrostiches. 142

DEUXIÈME PARTIE

Ce que l'on trouve dans quelques noms. — Logogriphes. . 147
Solutions des logogriphes. 219

—

— Lille. Typ. J. Lefort. 1863 —

www.ingramcontent.com/pod-product-compliance
Lightning Source LLC
Chambersburg PA
CBHW052248220526
45471CB00001B/246